SPANISH SHORT STORIES FOR BEGINNERS

Learn Spanish in a Fun Way with Conversations and Tales That You Can Listen in Your Car.Short Stories to Improve Vocabulary and Grammar up to Intermediate Level.

Easy Language School and Paul Moya

Introduction..4

¡Me voy! (I'm leaving!)...7

Un viaje sin complicaciones...19

Cuidando a los niños – Taking care of the kids...35

El Blanco...47

El Pincel Mágico..54

The Weather in My City — El clima de mi ciudad..67

La Esposa De Mario – Mario's Wife...76

La rana que contó historias fantásticas (The Frog That Told Fanciful Tales)...........80

Comprando un auto nuevo...86

El Día Del Examen..94

Un Poco De Dinero - A Little Bit of Money..105

Una Competencia Variada..111

Persevera y Triunfarás (Persevere and You Will Win)..124

El Invento...136

El Roraima: lugar dónde nació todo..144

Los Hoteles del Centro son Más Caros / The Hotels Downtown are More Expensive....................158

La Boda de Alejandro/Alejandro's Wedding...167

Los Zapatos Nuevos del Rey Azucar...173

Restaurante Favorito – My favorite restaurant...181

Cómo perder peso – How to lose weight..189

My Best Friends — Mis mejores amigos...196

La Inmensa Boca de Federico (Frederick's Immense Mouth)..205

Como hacer nuevos amigos / How to Make New Friends..210

El Orgulloso Herrero (The Proud Blacksmith)...214

Mi dia tipico..220

Sin café no hay paraíso..226

Los tamales de Doña María...233

De viaje en una nueva ciudad – On vacation in a new city...240

Viajando por el espacio – Travelling through space..247

La Sombra Que Había...255

Conclusion...266

Bonus..267

Introduction

If you are reading this, it is because you are keen on learning Spanish in the best possible way. This means that you are looking for the simplest and most effective way to learn one of the world's most important languages.

Of course, you could always sign up for a Spanish school in your city. Or, you could make an adventure out of it and travel to any one of the exotic countries in Latin America. You could even hire a private tutor to work with you on a one-on-one basis.

But let's face the fact that not everyone has the time to dedicate a fixed amount of their time to Spanish lessons. In fact, you might be so busy that just reading this requires you to clear up your schedule. That is why this guide has been designed to get your Spanish skills off the ground quickly and easily.

If you have tried to learn Spanish or another language the old-fashioned way, you can understand where this is coming from. It is not easy to take time out of your already packed schedule to go to class or work with a private tutor. Also, traveling to another country, while exciting, can take a good chunk out of your time, and it does not come cheap.

This guide will get you acquainted with the fundamentals of Spanish. You might be surprised to find that it is much easier to learn Spanish than you have initially thought. If you have struggled with it in the past, it is because you have not found the right approach. It is intended for those who want to maximize their efforts and talents.

In addition, Spanish is used by close to a billion native speakers and about another billion people as a second or third language, making it one of the most prominent languages in the West. As proof, it is among the six of United Nation's official languages.

Beyond that, learning Spanish will open doors to you into a world of culture, literature, and entertainment. Additionally, Latin America is a host to some of the most beautiful countries in the world. As such, these make great travel destinations at a surprisingly affordable price (when compared to traveling to Europe or Asia).

It is not hard to make a compelling case when it comes to the importance of learning Spanish. There are countless reasons that learning Spanish will improve your overall skillset even if you don't need it for work. Speaking multiple languages not only opens doors to other cultures but also has health benefits, such as improved cognition and concentration. Learning a second or third language has been linked to improved memory skills and heightened learning skills.

If you have been thinking about taking up languages as a hobby or simply as a new challenge, then look no further. This guide, in addition to subsequent guides, will help you get on the road (and stay on it) to mastering a new language. You will feel satisfied with yourself and your accomplishments after you learn Spanish through this guide. The longer you wait, the more you are missing out on this wonderful experience.

Learning a second language is something that a lot of people want to do, and Spanish is often the favorite among second-language learners. It is the second most common language, and when compared to other languages like German or Japanese, it is a lot easier to learn.

First off, we will go over ways to improve your retention. This tends to be something that a lot of people struggle with, but with the helpful tips, you should find your retention improving ten-fold.

After that, we will go over commands before covering indefinite and negative statements. After that, we will go into advanced rules on how to form sentences. We can't always talk in simple sentences like "¿cómo estás?"

Then, we'll learn some advanced tenses, which can be a frustrating part of learning any language. This involves learning different forms for verbs and everything. Then we will talk about the progressive tense and passive voice.

The subsequent thing we will cover is advanced question formation. Questions tend not to be that difficult, but some things can get complicated. Then, we will go over advance moods, which we will spend most of our time talking more about the subjunctive moods because this mood isn't used that much in the English language.

We hope that we have brought everything together so that you can learn the Spanish language while also having fun. There are a lot of options out there to help you with learning Spanish, but we are happy that you have chosen our book to help you out. Let us get started.

Do you have days where you do not think you are learning anything about Spanish? Do you feel like you are trudging down a road and getting absolutely nowhere?

You may be having a hard time just finding time to practice and learn. With everything you do in your daily life, work, family, and housework, it is a challenge to find a couple of minutes of free time to do the things you want to do for yourself.

It does not even matter where you are in your Spanish journey. We have some great tips to help improve your retention.

Chapter 1.   ¡Me voy! (I'm leaving!)

—¡Me voy! —dice el pequeño Matías.

—I'm leaving! —says little Matías.

Ha discutido con sus padres porque no quieren comprarle una nueva consola de videojuegos.

He has argued with his parents because they don't want to buy him a new videogame console.

Matías entra muy enfadado a su habitación y cierra la puerta de un portazo.

Matías walks very angry into his room and slams the door shut.

—No puedes irte, ¡solo tienes siete años! —dice Matilda, su hermanita, quien estaba recostada en la cama leyendo un libro de piratas.

—You can't go, you're only seven years old! —says Matilda, his little sister, who's lying down reading a pirate's book.

—Y tú solo tienes cinco, ¡así que no sabes nada de nada! —grita su hermano.

—And you're only five, so you know nothing at all! —her brother shouts.

—¡Oye! Yo no te he hecho nada —dice ella—. De hecho, a mí también me gustaría una consola nueva de videojuegos…

—Hey! I didn't do anything to you —she says—. In fact, I'd also like a new videogame console…

—Bueno, pues a ti quizá te la compren, ¡yo me voy!

—Well, maybe they'll buy it for you, I'm leaving!

Mientras hablan, Matías junta sus juguetes favoritos en una mochila roja. Coge la hucha donde guarda sus ahorros y la vacía sobre la cama. Contiene un billete de diez euros, uno de cinco euros y tres monedas. Guarda el dinero en su bolsillo.

While they spoke, Matías gathers his favorite toys in a red backpack. He takes the moneybox where he keeps his savings and empties it on the bed. It contains a ten euros note, a five euros note and three coins. He puts the money into his pocket.

Finalmente, se abrigó con un suéter de lana y salió.

Finally, he covered himself with a woollen sweater and walked out.

—Espera, ¿de verdad te vas? —pregunta Matilda.

—Wait, are you really leaving? —Matilda asks.

—Pues claro, ¡acostúmbrate a ser hija única! ¡No volverás a saber de mí! —contesta Matías, y sale dando otro portazo.

—Well of course, get used to being an only child! You'll never know of me again! —Matías replies, and leaves slamming the door again.

Matilda no sabe qué hacer. Está muy preocupada.

Matilda doesn't know what to do. She is very worried.

Sale de la habitación. Su hermano ya no está.

She walks out of the room. Her brother is no longer there.

—Mamá, papá, ¡creo que Matías se ha marchado!

—Mom, Dad, I think Matías has left!

Sus padres no parecen muy preocupados.

Her parents don't look very worried.

—Ah, ¿sí? Ya veremos —dice su madre.

—Oh, is it so? We'll see —says her mother.

—No te preocupes, hija, no irá demasiado lejos —dice su padre.

—Don't worry, girl, he won't go too far —says her father.

Pero Matilda está muy preocupada. Nunca había visto a su hermano tan enfadado y resuelto. Sale al jardín.

But Matilda is very worried. She has never seen her brother so angry and determined. She goes out the garden.

En el jardín, solo ve a su perro Max, quien le ladra a un pájaro. Max es un gran pastor inglés, con pelaje blanco y gris. Es muy torpe y no es muy inteligente. Matilda lo quiere mucho. Lo usa de almohada para dormir la siesta.

In the garden, she only sees her dog Max, who is barking to a bird. Max is a big English Shepherd, with white and grey fur. He's very clumsy and not very smart. Matilda loves him a lot. She uses him as a pillow at nap time.

—Max, ¿has visto a Matías? —pregunta Matilda.

—Max, have you seen Matías? —Matilda asks.

El perro se acerca torpemente y la mira confundido.

The dog goes near her clumsily and looks at her confused.

—¿Dónde está Matías? —pregunta Matilda.

—Where is Matías? —asks Matilda.

El perro mira hacia la puerta de entrada de la propiedad, donde se ve la reja abierta. Matilda se acerca a la entrada y asoma su pequeña cabeza rubia hacia la calle. Viven en un barrio muy tranquilo, de casas grandes y árboles altos. Como es domingo, no se ve a mucha gente. Matilda mira hacia un lado y hacia el otro.

The dog looks at the property's entrance door, where the fence is open. Matilda goes near the entrance and sticks her little blonde head out to the street. They live in a very quiet neighbourhood, with big houses and tall trees. Since it's Sunday, not many people can be seen. Matilda looks one way and the other.

—¡Matías! —grita, mirando hacia la izquierda—. ¡Matías! —grita, mirando hacia la derecha.

—Matías! —she screams, looking to her left—. Matías! —she screams, looking to her right.

A su vez, Max ladra.

At the same time, Max barks.

—No está por aquí —dice la niña—. Y si a papá y mamá no les importa dónde está… ¡vamos a tener que ir a buscarlo nosotros!

—He's not around here —says the girl—. And, if Dad and Mom don't care about where he is… we're going to have to go and look for him ourselves!

El perro quiere detenerla e intenta empujarla de nuevo hacia la casa (es más grande y fuerte que ella), pero la niña continúa caminando hacia la calle.

The dog wants to stop her and tries to push her back towards the house (it's bigger and stronger than her), but the girl keeps on walking towards the street.

Con Max detrás de ella, la niña parte a buscar a su hermano.

With Max behind her, the girl goes out to look for her brother.

El primer lugar donde lo busca es en la tienda del señor Pedro, a dos calles de su casa. Siempre va allí con su hermano a comprar dulces y algunos víveres que les piden sus padres.

The first place where she goes to look for him is Mr. Pedro's store, two streets away from her house. She always goes there with her brother to buy sweets and some supplies their parents ask them for.

—Señor Perro —dijo la niña (le costaba pronunciar bien su nombre)—, ¿ha visto a mi hermano?

—Mr. Pero —says the girl (she has trouble pronouncing his name right)—, have you seen my brother?

—No, pequeña —dice el señor—. ¿Saben tus padres que estás aquí sola?

—No, little girl —says the man—. Do your parents know you're here by yourself?

—¡No estoy sola, señor Perro! Max está conmigo.

—I'm not alone, Mr. Pero! Max is with me.

Max ladra. Ambos se van.

Max barks. They both leave.

Después, Matilda va a buscar a su hermano a la puerta de su escuela. Como es domingo, no hay nadie en la escuela, pero Matilda piensa que quizá lo encontrará allí. Sin embargo, no está.

Far along, Matilda goes to their school gate to look for her brother at. Since it's Sunday, nobody's at school, but Matilda thinks she might find him there. However, he's not there.

Finalmente, Matilda decide ir a buscar a Matías al parque de juegos. Sin embargo, se interpone en su camino un enorme perro negro. El terrorífico perro negro le gruñe y le ataca.

Finally, Matilda decides to go and look for Matías at the playground. However, an enormous black dog gets on her way. The terrifying black dog growls at her and attacks her.

Por suerte, Max se interpone entre ella y el perro. El perro negro parece muy malo, pero Max no deja que se acerque a la niña. Antes de que Matilda pueda reaccionar, los dos perros comienzan a pelearse. La niña sale corriendo.

Luckily, Max stands between her and the dog. The dog looks very mean, but Max doesn't let it get close to the girl. Before Matilda can react, the two dogs start fighting. The girl runs away.

Cuando llega al parque de juegos, está llorando. El sitio está vacío. No hay rastros de su hermano. Se sienta en una hamaca, muy triste. No solo no logró encontrar a su hermano, sino que también abandonó a su perro Max en una pelea.

When she arrives to the playground, she's crying. The place is empty. There's no sign of her brother. She sits in a hammock, very sad. Not only she didn't find her brother, but also she's abandoned her dog Max in a fight.

"Soy una cobarde", piensa, "Si esto fuera una historia de piratas, ¡merecería caminar por el tablón y nadar con los tribuzones!".

"I'm a coward", she thinks, "If this were a pirate's story, I'd deserve to walk the plank and swim with sharks!".

Para come, está commandant a obscurer. Matilda tiene miedo. No solo por ella, sino porque no sabe dónde puede estar su querido hermano, y no sabe si su perro salió ileso de la pelea con el maligno perro negro.

On top of that, it's starting to get dark. Matilda is afraid. Not only for herself, but because she doesn't know where her dear brother might be and she doesn't know if her dog came out unharmed from the fight with the evil black dog.

De pronto, oye una voz que la llama.

Suddenly, she hears a voice calling her.

—¡Matilda! ¡Matilda!

—Matilda! Matilda!

¡Es la voz de su hermano! Matilda se pone de pie sobre la hamaca.

It her brother's voice! Matilda stands on the hammock.

—¡Aquí estoy! —grita.

—Here I am! —she screams.

A lo lejos, ve que se acercan su hermano Matías y su perro Max, seguidos por su mamá y su papá.

From a distance, she sees her brother Matías and her dog Max coming, followed by her mom and dad.

Cuando llegan hasta donde está ella, Matías la abraza y Max le lame una mejilla.

When they arrive to where she is, Matías hugs her and Max licks one of her cheeks.

—¡Hija! —exclama su padre—. ¿Dónde te habías metido? Salimos a buscarte y nos encontramos con Max, lleno de rasguños. Nos trajo hasta aquí.

—Girl! —her father exclaims—. Where had you gone? We went out looking for you and we found Max, all scratched. He brought us here.

—Fuimos a buscar a Matías —explica Matilda.

—We went looking for Matías —Matilda explains.

—Matías nunca se fue de casa—le contesta su madre—. Tú no lo recuerdas porque eras muy pequeña, pero cuando Matías tenía tu edad hacía esto todo el tiempo. Decía que se iba de la casa, tomaba sus cosas, fingía que salía a la calle, y luego se escondía en el cobertizo… Solo lo hacía para asustarnos. ¡Y lo logró un par de veces!

—Matías never left the house—her mother replies—. You don't remember because you were little, but when Matías was your age, he did this all the time. He said he was leaving, took his things, pretended to walk out to the street, and then hid in the shed… He only did that to scare us. And he achieved it a few times!

—Es verdad —dice Matías, avergonzado—. Nunca me animé a salir solo de casa en realidad… Pero tú… ¡Pasaste toda la tarde sola en la calle! Eres muy valiente.

—It's true —Matías says, ashamed—. I never dared to really go out of the house alone… But you… You spent the whole afternoon alone on the streets! You're very brave.

—¡Sola no! —dice Matilda—. ¡Con Max!

—Not alone! —says Matilda—. With Max!

Resumen de la historia

Matías está enfadado con sus padres y dice que se va de casa. Recoge sus cosas y desaparece. Matilda, su hermana menor, sale a buscarlo por el barrio junto con Max, su perro. Lo busca en una tienda y en la escuela, pero no lo encuentra. De pronto, un gran perro negro aparece y le quiere atacar, pero Max la defiende. Ella sale corriendo sola hacia el parque de juegos, donde se siente sola y triste. Finalmente, llega toda su familia, guiada por Max. ¡Su hermano ni siquiera había salido de la casa!

Summary of the story

Matías is angry with his parents and says he's leaving the house. He picks up his thinks and disappears. Matilda, his younger sister, goes out to look for him together with Max, their dog. She looks for him at a store and at the school, but she doesn't find him. Suddenly, a big black dog appears and wants to attack her, but Max defends her. She runs away alone to the playground, where she feels lonely and sad. Finally, all her family arrives, guided by Max. ¡Her brother hadn't even left the house!

Vocabulary of the story

To argue - Discutir

To buy - Comprar

Videogames - Videojuegos

Angry – Enfadado/a

Room - Habitación

Slam the door shut - Cerrar la puerta de un portazo

To read - Leer

Nothing at all - Nada de nada

In fact - De hecho

Maybe - Quizá

Backpack - Mochila

Moneybox - Hucha

Savings - Ahorros

Note - Billete

To save - Guardar

Pocket - Bolsillo

To get cover - Abrigarse

Wool - Lana

Only child - Hijo único/hija única

To leave – Marcharse/Irse

Garden - Jardín

To bark - Ladrar

Bird - Pájaro

Fur - Pelaje

Clumsy - Torpe

Pillow - Almohada

Nap - Siesta

Fence - Reja

Head - Cabeza

Neighborhood - Barrio

To stop - Detener

To push - Empujar

Strong - Fuerte

Store - Tienda

Two blocks away - A dos calles

Sweets - Dulces

Supplies - Víveres

Alone - Solo

To leave - Partir

School - Escuela

Playground - Parque de juegos

To growl - Gruñir

Mean - Malo

To fight - Pelear

To cry - Llorar

Hammock - Hamaca

To abandon - Abandonar

Coward - Cobarde

To deserve - Merecer

Shark - Tiburón

Fear - Miedo

Unharmed - Ileso

Suddenly - De pronto

To hug - Abrazar

Cheek - Mejilla

Scratch - Rasguño

To reply - Contesta

Shed - Cobertizo

All the time - Todo el tiempo

All afternoon - Toda la tarde

To pretend - Fingir

Brave – Valiente

Exercise

Questions about the story / Preguntas

1. ¿Por qué Matías está enfadado con sus padres?

    a. Porque quieren comprarle una consola de videojuegos.

    b. Porque quiere ser hijo único.

    c. Porque no quieren comprarle una consola.

2. ¿Qué está haciendo Matilda cuando Matías entra en la habitación?

    a. Leer un libro de historietas.

    b. Leer un libro sobre piratas.

    c. Leer libros.

3. ¿Qué se lleva Matías consigo?

4. ¿Dónde busca Matilda a su hermano antes de salir de casa?

    a. En la escuela, el parque y la tienda.

    b. En el jardín.

    c. En el cobertizo.

5. ¿Con quién sale Matilda?

6. ¿Por qué Matilda le dice "Perro" al dueño de la tienda?

7. ¿Por qué no hay nadie en la escuela?

    a. Todos están buscando a Matías.

    b. Porque es fin de semana.

c. Porque son vacaciones.

8. ¿Por qué Matilda escapa sola hacia el parque?

    a. Escapa de una pelea entre Max y otro perro.

    b. Porque un perro negro la mordió.

    c. Porque su hermano está en el parque.

9. ¿Quién guía a la familia hasta donde está Matilda?

10. ¿Dónde estaba había estado Matías todo ese tiempo?

Answers / Soluciones

1. c

2. b

3. Juguetes y dinero.

4. b

5. Su perro Max.

6. Porque le cuesta pronunciar su nombre.

7. b

8. a

9. Max.

10. En el cobertizo.

Questions

1. Why is Matías angry with his parents?

    a. Because they want to buy him a videogame console.

    b. Because he wants to be an unique son.

    c. Because they don't want to buy him a console.

2. What is Matilda doing when Matías walks into the room?

    a. She is reading a comic room.

    b. She is reading a book on pirates.

    c. She is reading books.

3. What is Matías taking with himself?

4. Where does Matilda look for his brother before she leaves the house?

      a. At the school, the park and the store.

      b. In the garden.

      c. In the shed.

5. Who does Matilda go out of the house with?

6. Why does Matilda call the owner of the house "Pero"?

7. Why is there no one at school?

      a. Everybody's looking for Matías.

      b. Because it's a weekend.

      c. Because it's a holiday.

8. Why does Matilda run away alone to the playground?

      a. She's running away from a fight between Max and another dog.

      b. Because a black dog bit her.

      c. Because her brother is at the park.

9. Who guides the family to where Matilda is?

10. Where had Matías been the whole time?

Answers

1. c

2. b

3. Toys and money.

4. b

5. Her dog Max.

6. Because she has a hard time pronouncing his name.

7. b

8. a

9. Max.

10. In the shed.

Chapter 2.   Un viaje sin complicaciones

Me llamo Peter y soy de Estados Unidos, tengo 25 años y hace más de 4 que estudio español. Soy estudiante de Relaciones Internacionales en la universidad y antes de mi graduación y de comenzar a trabajar, decidí hacer mi sueño realidad: viajar por más de 6 meses por América Latina para perfeccionar mi español y descubrir la gran variedad de colores y culturas que alberga el sur del continente. Este es mi diario de viaje.

My name is Peter and I am from the United States, I am 25 years old and I have been studying Spanish for more than 4 years. I am a student of International Relations at the university and before my graduation and starting to work, I decided to make my dream come true: to travel for more than 6 months in Latin America to perfect my Spanish and discover the great variety of colors and cultures that the south of the continent. This is my travel journal.

Mi familia vive en un pueblo pequeño en el campo, hay mucho bosque, árboles de frutas y animales por todos lados. Cuando era niño me gustaba mirar por la ventana e imaginarme que cruzaba todo el campo de maíz con mi bolso al hombro y alcanzaba el océano, tomaba un barco y llegaba a hermosos y lejanos lugares.

My family lives in a small town in the country, there is a lot of forest, fruit trees and animals everywhere. When I was a child I liked to look out the window and imagine that I crossed the entire cornfield with my bag on my shoulder and reached the ocean, took a boat and reached beautiful and distant places.

Entonces mi madre me gritaba: "Ya Peter, ¡deja de soñar despierto!" y yo regresaba a mi escritorio a terminar mis tareas. En aquel tiempo, nunca imaginé que años después regresaría a ese mismo escritorio en el cuarto de mi infancia a planear un verdadero viaje que me llevaría a atravesar mares, desiertos y selvas y mi madre me diría: "Peter, tú nunca cambias".

Then my mother would yell at me: "Now Peter, stop daydreaming!" and I would go back to my desk to finish my homework. At that time, I never imagined that years later I would return to that same desk in my childhood room to plan a real trip that

would take me to cross seas, deserts and jungles and my mother would say to me: "Peter, you never change."

Mi madre es maestra de escuela primaria, tiene una voz muy dulce, sonríe mucho y cocina muy bien; es una persona muy querida en nuestro pueblo. Tiene ojos grandes y azules, su cabello es color rojizo, ondulado y llega hasta sus hombros; siempre usa vestidos largos y coloridos. Mi padre es granjero, tiene un gran campo de maíz justo detrás de nuestra casa, además se hace cargo del establo en el que hay más de 20 vacas, algunas gallinas y cerdos.

My mother is a primary school teacher, she has a very sweet voice, she smiles a lot and cooks very well; He is a very dear person in our town. He has big blue eyes, his hair is reddish, wavy and reaches to his shoulders; always wear long, colorful dresses. My father is a farmer, he has a large field of corn just behind our house, he also runs the stable where there are more than 20 cows, some chickens and pigs.

Es muy alto, de nariz grande y rasgos duros que contrastan con su carácter cariñoso y amigable. A mi padre le gusta mucho contar historias; cuando era niño no lograba dormirme sin antes escuchar uno de sus cuentos. A mis padres les encanta la vida en el campo, los animales, el aire puro, las plantas y las flores. Nuestro patio está lleno de girasoles, hortensias, narcisos y lirios, muy hermosos y de todos los colores.

He is very tall, with a large nose and hard features that contrast with his loving and friendly character. My father really likes to tell stories; When I was a child I couldn't fall asleep without first listening to one of his stories. My parents love country life, animals, fresh air, plants, and flowers. Our patio is full of sunflowers, hydrangeas, daffodils and lilies, very beautiful and of all colors.

Al inicio del verano, decidí venir a casa de mis padres para planear mi grandioso viaje. El viaje de 6 horas en tren desde mi universidad al campo fue el inicio de mi gran aventura. Al llegar a casa mi madre tenía preparado un gran banquete; como cada vez que la visitaba. Había pescado del río junto a la casa, carne preparada por mi padre, puré de papas del huerto, una gran ensalada fresca, maíz cocido con mantequilla, pan fresco y por supuesto, un gran pastel de manzana recién horneado.

At the beginning of the summer, I decided to come to my parents' house to plan my great trip. The 6-hour train ride from my university to the countryside was the start of my great adventure. When I got home my mother had a big banquet prepared; like every time I visited her. There was fish from the river next to the house, meat

prepared by my father, mashed potatoes from the garden, a great fresh salad, cooked corn with butter, fresh bread and of course, a great freshly baked apple pie.

Cuando nos sentamos en la mesa, mi madre me miró e inmediatamente dijo:

"Peter, tú tienes algo que contarnos, ¿verdad?"

"Como siempre, mamá, tu sabes leer mi mente".

"Dinos, ¿De qué se trata, hijo?"

"¡Adivinen!"

"¿Regresas a vivir a casa? No, no. ¿Ya tienes un trabajo? No, no. ¡Ya! ¡Al fin conseguiste novia!"

When we sat at the table, my mother looked at me and immediately said:

"Peter, you have something to tell us, right?"

"As always, mom, you know how to read my mind."

"Tell us, what is it, son?"

"Guess what!"

"Are you coming back home to live? Nerd. Do you already have a job? Nerd. Already! You finally got a girlfriend! "

"¡Mamá! Nada de eso, esta vez no estuviste nada cerca de adivinar… ¡me voy de viaje por América Latina!"

"Pero ¿cuándo?,¿cuánto tiempo?,¿con quién?, ¿A qué lugares?"

"Espera, espera, no tan rápido que ya olvidé las primeras preguntas. Vamos una por una".

"¿Cuándo vas a viajar?"

"Me voy en una semana. Estaré aquí en casa planeando todo y viajaré directamente del aeropuerto de la ciudad".

"¿Con quién viajas?"

"Pues yo sólo, pero estoy seguro de que haré muchos amigos en el camino".

"Y, ¿qué ciudades o países vas a visitar?"

"Mother! None of that, this time you were nowhere near guessing… I'm going on a trip to Latin America! "

"But when? How long? With whom? To what places?"

Wait, wait, not so fast that I already forgot the first questions. Let's go one by one ".

"When are you going to travel?"

"I'm leaving in a week. I will be here at home planning everything and I will travel directly from the city airport. "

"Who are you traveling with?"

"Well I just, but I am sure I will make many friends along the way."

"And what cities or countries are you going to visit?"

"Bueno, eso está por definirse, quiero viajar con mucha libertad y elegir algunas de las ciudades cuando ya esté en camino, pero planeo visitar México, América Central, el Caribe, Colombia, Ecuador, Perú, Bolivia, Chile, Argentina y Brasil, y bueno, quién sabe si después se me ocurra ir a algún otro lugar. Además de visitarlos, para eso estoy aquí, tengo un montón de guías de viaje aún por leer".

Mi madre se quedó en silencio por unos segundos y después sonrió y dijo: "¡Vaya! Siempre supe que tenías un corazón aventurero".

"Well, that has to be defined, I want to travel with a lot of freedom and choose some of the cities when I am on my way, but I plan to visit Mexico, Central America, the Caribbean, Colombia, Ecuador, Peru, Bolivia, Chile, Argentina and Brazil, and well, who knows if later it occurs to me to go somewhere else. In addition to visiting them, that's what I'm here for, I have a lot of travel guides still to read ".

My mother was silent for a few seconds and then she smiled and said, "Wow! I always knew you had an adventurous heart. "

Mi padre se levantó de su silla, me abrazó y dijo: "Por fin podrás crear tus propias historias".

Me sentí contento y emocionado de compartir la alegría de mi próximo viaje con mis padres. Entonces mi comida de bienvenida a casa se convirtió en un festejo. Llené mi plato con todo lo que había en la mesa, comí un gran filete de carne, más de 3 tomates, un filete de pescado entero, llené mi plato con puré y aún así tuve espacio para una enorme rebanada de pastel de manzana. Finalmente, mi padre sacó una botella de vino de la alacena y las mejores copas de la vajilla de mamá y brindamos los tres por las aventuras que me esperarían en los meses siguientes.

I was happy and excited to share the joy of my next trip with my parents. Then my welcome home meal turned into a celebration. I filled my plate with everything on the table, ate a big beef steak, over 3 tomatoes, a whole fish fillet, filled my plate with mashed potatoes and still had room for a huge slice of apple pie. Finally, my father brought out a bottle of wine from the cupboard and the best glasses from Mom's dishes and we toasted the three of us for the adventures that awaited me in the following months.

Mientras platicábamos y sonreíamos, llegó Fido, el perrito de mis padres, saltando y moviendo la cola. Parecía que él también festejaba. Pero Fido -¡Donde habías estado!- al parecer había pasado el día entero corriendo por el campo junto a las vacas y estaba cubierto de tierra.

Fido es un labrador de color café claro, es un poco gordo pero atlético, lo tenemos desde que era un cachorro y siempre ha sido muy travieso. Ahora parecía un perrito callejero con su cola y sus patitas llenas de lodo, los cabellos duros y terrosos. ¡Fido, ahora sí, te toca un baño!

While we talked and smiled, Fido, my parents' puppy, arrived, jumping and wagging his tail. He seemed to be celebrating too. But Fido - where had you been! - apparently he had spent the whole day running through the field next to the cows and was covered in dirt.

Fido is a light brown labrador, he is a little fat but athletic, we have him since he was a puppy and he has always been very naughty. Now he looked like a stray puppy with his tail and his muddy paws, his hair hard and earthy. Fido, now you have a bath!

A la mañana siguiente, después de una noche de mucha comida y celebración, fue complicado levantarme de la cama. Tenía dolor de cabeza y mi estómago hacía ruidos extraños. Pero era hora de comenzar mi gran plan. Fui a la cocina para tomar un vaso de agua y me encontré con que mi madre ya había salido a trabajar, pero había dejado una sorpresa para mí en la mesa. Se trataba de un enorme plato con huevos fritos, tocino, pan tostado, un gran vaso de jugo de naranja y otro con agua y pastillas para el dolor de cabeza. Al lado había una nota que decía "Para mi pequeño gran viajero, no más brindis y más trabajo. Es hora de planear tu gran viaje". No cabe duda, mi madre es un verdadero ángel.

The next morning, after a night of much food and celebration, it was difficult getting out of bed. I had a headache and my stomach made strange noises. But it was time to start my great plan. I went to the kitchen to have a glass of water and found that my mother had already gone out to work, but she had left a surprise for me at the table. It was a huge plate with fried eggs, bacon, toast, a large glass of orange juice, and another with water and headache pills. Next to it was a note saying "For my little great traveler, no more toasts and more work. It's time to plan your big trip. " There is no doubt, my mother is a true angel.

Tomé mi delicioso desayuno y los ánimos regresaron a mi cuerpo. Entonces tomé los más de diez libros de viaje que cargaba en mi mochila y me puse manos a la obra.

Ordené los libros en el escritorio de mi cuarto. Parecía increíble realizar mi gran plan en la misma habitación en la que soñé tantas veces cruzar el mar. Me detuve a observar por un minuto.

Mi cuarto de la infancia tiene una cama pequeña sobre la cual cuelgan todavía muchos recuerdos de mi niñez, afiches de mi películas favoritas: Indiana Jones, Jumanji y por supuesto Jurassic Park, mis preferidas para sentirme todo un aventurero. Justo al lado de la cama hay un buró con todas mis fotografías y trofeos.

I had my delicious breakfast and the spirits returned to my body. So I took the more than ten travel books that I carried in my backpack and got to work.

I ordered the books on the desk in my room. It seemed incredible to carry out my great plan in the same room in which I dreamed so many times crossing the sea. I stopped to watch for a minute.

My childhood room has a small bed on which many childhood memories still hang, posters of my favorite movies: Indiana Jones, Jumanji and of course Jurassic Park, my favorites to feel like an adventurer. Right next to the bed is a

bureau with all my photographs and trophies.

Está la foto del campamento de verano junto al lago con mis primos, la de mi graduación de la escuela secundaria, la del torneo de béisbol en la que ganamos 10 a 2 al equipo del pueblo vecino y por supuesto la de mi primer gran concierto con la banda escolar. Al lado, el trofeo del torneo de béisbol, mi medalla del torneo de ajedrez y mis estrellas de niño explorador.

¡Increíble! Mi infancia entera cabe en un sólo buró, pero en el escritorio junto a la enorme ventana, mi parte favorita del cuarto, están los libros en los que se dibuja mi futuro.

There is the photo of the summer camp by the lake with my cousins, the one of my graduation from high school, the one of the baseball tournament in which we won 10 to 2 to the neighboring town team and of course the one of my first big concert with school band. Next, the baseball tournament trophy, my chess tournament medal, and my Boy Scout stars.

Amazing! My entire childhood fits in a single bureau, but on the desk by the huge window, my favorite part of the room, are the books on which my future is drawn.

Desde la ventana se ve el campo de maíz, y justo al lado de ella está un enorme mapa del mundo que tengo desde los 12 años y que coloreé yo mismo. En el océano Pacífico dibujé una ballena azul y un calamar gigante que viaja desde Alaska hasta las costas de Chile, en el Caribe un barco pirata que zarpa desde Cuba hasta España cargando oro y otros tesoros. En el continente Americano dibujé muchas carreteras, todas saliendo desde mi pueblo y llegando hasta el polo norte y hasta la Patagonia Argentina, dibujé una enorme selva que me dijeron estaba en el estómago de América del Sur y muchos pájaros volando. ¡Espero verlos pronto!

From the window you can see the cornfield, and right next to it is a huge map of the world that I have had since I was 12 years old and that I colored myself. In the Pacific Ocean I drew a blue whale and a giant squid that travels from Alaska to the coasts of Chile, in the Caribbean a pirate ship that sails from Cuba to Spain carrying gold and other treasures. In the American continent I drew many roads, all leaving from my town and reaching the north pole and up to Argentine Patagonia, I drew a huge jungle that I was told was in the stomach of South America and many birds flying. I hope to see you soon!

Entonces, mientras mi mente fantaseaba con los caminos que estaba por recorrer, sonó el teléfono.

"Bueno, ¿con quién desea hablar?" pregunté.

"¿Está ahí Peter Pecas?" respondió una chica cuya voz no reconocí.

"Número equivocado, supongo…"

"¡No! Tonto, soy yo Chloe, ¿qué no reconoces mi voz?"

"Pero claro, ¡quién más me llamaría Peter Pecas!"

"Imagino que ya estás en casa, ¿Puedo pasar a verte?"

"Pero claro, aquí te espero".

Then, as my mind fantasized about the paths I was about to travel, the phone rang.

"Well, who do you want to talk to?" I asked for.

"Is Peter Freckles there?" replied a girl whose voice I didn't recognize.

"Wrong number, I guess ..."

"Not! Silly, it's me Chloe, don't you recognize my voice? "

"But of course, who else would call me Peter Freckles!"

"I guess you're already home, can I come see you?"

"But of course, here I wait for you."

Chloe y yo nos conocimos cuando los dos teníamos 5 años en la escuela maternal. Yo no lo recuerdo muy bien, pero ella cuenta que después de que mi madre me dejó en la puerta yo lloraba tanto que los demás niños de la clase se asustaron, entonces ella me regaló una paleta de fresa que tenía guardada en su mochila para la hora del almuerzo y como por arte de magia dejé de llorar para comer el delicioso dulce. Yo no sé si la historia es totalmente real, pero ella la cuenta todo el tiempo. Desde entonces siempre compartimos desde los dulces para el almuerzo hasta los campamentos de verano y las clases de música.

Chloe and I met when we were both 5 years old in nursery school. I don't remember very well, but she says that after my mother left me at the door, I cried so much that the other children in the class were scared, so she gave me a strawberry popsicle that she kept in her backpack for lunchtime and as if by magic I stopped crying to eat the delicious sweet. I don't know if the story is totally real, but she tells it all the time. Since then we have always shared everything from sweets for lunch to summer camps and music classes.

Mi amiga Chloe tiene los ojos negros, cabello corto y rizado, es delgada y mide 1.60, habla todo el tiempo y le gusta mucho cantar. Ella no fue a la universidad como yo, su madre tiene una pastelería en el pueblo de la que ella se hace cargo ahora. Es, después de mi madre, la mejor cocinera que conozco.

Como siempre Chloe llegó en su bicicleta roja, en la que anda a todos lados, entró corriendo a mi cuarto y me dió un gran abrazo. Traía bajo el brazo una bolsa de papel.

My friend Chloe has black eyes, short curly hair, is slim at 1.60, talks all the time, and likes to sing a lot. She did not go to university like me, her mother has a bakery in the town that she now takes care of. She is, after my mother, the best cook I know.

As always Chloe arrived on her red bicycle, which she rides everywhere, she ran into my room and gave me a big hug. He had a paper bag under his arm.

"Pero ¿qué tienes ahí?" pregunté.

"¡Qué más que tu pastel favorito!"

Rápidamente desenvolvió el papel y sacó un pequeño pastel de limón con crema batida. Hicimos los libros a un lado y lo comimos en ese mismo instante.

"Estómago lleno corazón contento" exclamé.

"Eres demasiado básico para ser un casi graduado universitario," respondió Chloe riendo. "Entonces ¿listo para contarme tu gran plan?" preguntó emocionada.

"Más que contarte ¡me ayudarás a hacerlo!" le respondí mostrando la pila de libros que tenía junto a mi computadora y bajo el mapa de múltiples colores.

"But what have you got there?" I asked for.

"What more than your favorite cake!"

She quickly unwrapped the paper and pulled out a small lemon cake with whipped cream. We put the books aside and ate it right then and there.

"Full stomach happy heart" I exclaimed.

"You are too basic to be an almost college graduate," Chloe replied with a laugh. "So ready to tell me about your big plan?" she asked excitedly.

"More than telling you, you will help me do it!" I replied showing the stack of books that I had next to my computer and under the multi-colored map.

"Pero ¡por supuesto! Tu sólo dime: ¿por dónde empezamos?"

"¿Qué sugieres?" le pregunté.

"Pues, comencemos por dar un paseo para despejar la mente".

"Pero claro, cómo no se me ocurrió," respondí sarcásticamente.

Accedí, aunque estaba un poco preocupado por dejar mis libros abandonados sobre la mesa, pero sabía que paseando con Chloe siempre pasaban cosas emocionantes y me podría inspirar. Tomé mi bicicleta y salimos juntos por el camino junto al campo de maíz que llevaba al centro del pueblo. Hacía buen clima, el cielo estaba completamente despejado y el sol brillaba con fuerza.

"But of course! You just tell me: where do we start? "

"What do you suggest?" asked.

"Well, let's start by taking a walk to clear your mind."

"But of course it didn't occur to me," I replied sarcastically.

I agreed, although I was a little worried about leaving my abandoned books on the table, but I knew that strolling with Chloe always had exciting things happen and could inspire me. I took my bike and we went out together on the road next to the corn field that led to the center of town. It was good weather, the sky was completely clear and the sun was shining brightly.

A lo lejos vimos el río, y muchos árboles grandes que creaban un hermoso paisaje. Bajamos una colina a toda velocidad y gritando como cuando éramos niños. Cuando entramos al pueblo me encontré muchas cosas distintas, tiendas nuevas y restaurantes. Wow y hacía sólo un año que no visitaba el pueblo. Repentinamente, Chloe se detuvo frente a un edificio que yo no conocía.

"¡Es el destino!" gritó.

"¿Qué?" pregunté desconcertado. "No entiendo de qué hablas Chloe".

"Mira, acaban de abrir una nueva tienda de artículos de viaje en el pueblo, así es como te ayudaré a planear tu viaje, te ayudaré a elegir todo lo que necesitas, porque seguro no tienes nada listo ¿verdad?"

In the distance we saw the river, and many large trees that created a beautiful landscape. We went down a hill at full speed and screaming like when we were kids. When we entered the town I found many different things, new shops and restaurants. Wow and it was only a year since I visited the town. Chloe suddenly stopped in front of a building I didn't know about.

"It is destiny!" scream.

"Than?" I asked puzzled. "I don't understand what you're talking about, Chloe."

"Look, they just opened a new travel goods store in town, this is how I will help you plan your trip, I will help you choose

everything you need, because surely you don't have anything ready right?"

Y Chloe tenía razón, además de los libros de viaje y mis sueños y fantasías, no tenía nada aún preparado para mi gran aventura. Así que era el momento perfecto para comenzar.

"Hagamos una lista mental de lo que necesitas para tu viaje, ¿estás de acuerdo?"

"¡Claro! Bueno, necesito una maleta o una mochila, unas botas por si es necesario caminar y unas sandalias para cuando esté en la playa, un traje de baño, pero también una chamarra para cuando esté en la montaña, una toalla, una bolsa de dormir, una navaja suiza también me podría ser de utilidad…"

And Chloe was right, in addition to the travel books and my dreams and fantasies, I still had nothing prepared for my great adventure. So it was the perfect time to start.

"Let's make a mental list of what you need for your trip, do you agree?"

"Clear! Well, I need a suitcase or a backpack, boots in case it is necessary to walk and sandals for when I am on the beach, a bathing suit, but also a jacket for when I am in the mountains, a towel, a sleeping bag, A Swiss Army knife could also be of use to me… "

"Wow, sí que necesitas muchas cosas, entonces ¡manos a la obra!"

Salimos de la tienda con una bolsa repleta de cosas, me sentía listo para la playa, la montaña, el desierto, todo lo que se atravesara en mi camino. Entonces Chloe me dijo:

"¡Tengo un plan! Te gusta la aventura ¿verdad?"

"Claro, lo sabes," le respondí.

"Entonces que tu viaje sea un viaje de aventura, no leas los libros, descubre los lugares así nada más, caminando por las calles, hablando con la gente, como aquí en el pueblo".

"Wow, you do need a lot of things, so get to work!"

We left the store with a bag full of things, I felt ready for the beach, the mountains, the desert, everything that came my way. Then Chloe said to me:

"I have a plan! You like adventure, right?"

"Sure, you know," I replied.

"So that your trip is an adventure trip, do not read the books, discover the places just like that, walking through the streets, talking to people, like here in town."

La idea de Chloe me dejó pensando, nos despedimos frente a su pastelería y me dió una rebanada de otro de mis pasteles favoritos. Regresé a casa cansado pero contento, comí el pastel mirando por la ventana y pensando en el mar que estaba tan lejos de casa y decidí que haría lo que ella dijo. Estaba listo para una aventura, y dispuesto a vivirla.

Chloe's idea left me thinking, we said goodbye in front of her pastry shop and she gave me a slice of another one of my favorite cakes. I returned home tired but happy, I ate the cake looking out the window and thinking about the sea that was so far from home and decided that I would do what she said. He was ready for an adventure, and ready to live it.

Resumen de la historia

Peter es un estudiante universitario que estudia relaciones internacionales y español. Antes de terminar sus estudios decide realizar un viaje de 6 meses por América Latina. Antes de salir de viaje decide visitar a su familia en el pueblo donde creció. Ahí se encuentra con sus padres y con su mejor amiga de la infancia con quien realiza un emocionante recorrido por los mismos lugares que visitaban cuando eran niños. Mientras realizan este paseo se encuentran por casualidad con una tienda de productos de viaje, ahí su amiga Chloe lo ayuda a encontrar todo lo que necesita para iniciar su gran aventura. Chloe platica con él y le da una idea que cambia sus planes.

Summary of the story

Peter is a student at university who majors in international relations and Spanish. Before finishing his studies he decides to make a 6 month trip to Latin America. Before heading out on his trip, he decides to visit his family at the town where he grew up. There he meets up with his parents and his childhood best friend with whom he goes on a walk to the same places they used to visit when they were kids. While they are on this exciting stroll, they find a travel gear store by chance. There his friend Chloe helps him find everything he needs to start his great adventure. While talking, Chloe gives him an idea that changes his travel plans.

Vocabulary of the story

Estudiante: Student

Variedad: Variety

Alberga: Holds.

Viaje: Trip (noun), Travel (verb)

Campo: Countryside

Bosque: Forest

Alcanzaba: Reached

Barco: Ship

Gritaba: Yelled

Soñar: Dreaming

Escritorio: Desk

Infancia: Childhood

Atravesar: To cross

Selvas: Jungles

Maestra: Teacher

Dulce: Sweet (a person)

Ondulado: Wavy

Coloridos: Colorful

Granjero: Farmer

Establo: Barn

Gallinas: Hens

Rasgos: Features

Cariñoso: Affectionate

Encanta: Love

Patio: Backyard

Girasoles: Sunflowers

Hortensias: Hydrangeas

Narcisos: Daffodils

Lirios: Irises

Grandioso: Great

Banquete: Banquet

Pescado: Fish

Carne: Meat

Puré de papas: Mashed potatoes

Huerto: Vegetable Garden

Contarnos: Tell us

Mente: Mind

Adivinen: Guess (verb)

Trabajo: Job

Novia: Girlfriend

Lugares: Places

Olvidé: Forgot

Planeando: Planning

Seguro: Sure

Definirse: To be decided

Libertad: Freedom

Elegir: To choose

Ocurra: Come to mind

Montón: A lot

Silencio: Silence

Aventurero: Adventurous

Contento: Happy

Emocionado: Excited

Compartir: To share

Festejo: Party

Rebanada: Slice

Alacena: Pantry

Vajilla: Dinner Service

Brindamos: We toasted

Platicábamos: We chatted

Cubierto: Covered

Atlético: Athletic

Cachorro: Puppy

Travieso: Naughty

Callejero: Stray

Lodo: Mud

Terroso: Muddy

Dolor de cabeza: Headache

Ruidos: Noises

Sorpresa: Surprise

Pastillas: Pills

Delicioso: Delicious

Ánimos: Energy

Cargaba: Carried

Mochila: Backpack

Ponerse manos a la obra: To get started

Ordené: Organized

Detuve: Stopped

Cuelgan: Hang

Afiches: Posters

Buró: Bureau

Trofeos: Trophies

Campamento de verano: Summer Camp

Lago: Lake

Primos: Cousins

Torneo: Tournament

Vecino: Neighbor

Concierto: Concert

Banda Escolar: School Band

Niño Explorador: Boy Scout

Cabe: Fits

Mapa del mundo: World map

Ballena Azul: Blue Whale

Calamar: Squid

Zarpa: Sets sail

Oro: Gold

Tesoros: Treasures

Carreteras: Highways

Estómago: Stomach

Pájaros: Birds

Fantaseaba: Daydreamed

Caminos: Roads

Pecas: Freckles

Reconoces: Recognize

Escuela Maternal: Kindergarten

Paleta: Lollipop

Fresa: Strawberry

Como por arte de magia: As if by magic

Pastelería: Cake shop

Abrazo: Hug

Pastel: Cake

Desenvolvió: Unwrapped

Crema Batida: Whipped Cream

Estómago lleno corazón contento: Full stomach, happy heart.

Pila: Stack

Sugieres: Suggest

Despejar: To clear (verb), clear (noun: despejado)

Accedí: Agreed

Inspirar: Inspire

Brillaba: Shone

Paisaje: Landscape

Colina: Hill

Tiendas: Stores

Repentinamente: Suddenly

Edificio: Building

Destino: Fate

Desconcertado: Confused

Artículos: Items

Maleta: Suitcase

Botas: Boots

Sandalias: Sandals

Traje de baño: Bathing suit

Chamarra: Jacket

Toalla: Towel

Bolsa de dormir: Sleeping Bag

Navaja Suiza: Pocket Knife

Te gusta: (You) like

Cansado: Tired

Exercise

Questions about the story / *Preguntas*

Seleccione sólo una respuesta para cada pregunta

1. ¿Cuál es la nacionalidad de Peter?

a) Español

b) Australiano

c) Estadounidense

d) Inglés

2. ¿A qué se dedica su madre?

a) Doctora

b) Maestra

c) Bióloga

d) Secretaria

3. ¿A dónde va a viajar Peter?

a) Asia

b) África

c) América Latina

d) Australia

4. ¿Dónde vive la familia de Peter?

a) El campo

b) La ciudad

c) La playa

d) El bosque

5. ¿De qué fue el pastel que Chloé le regaló a Peter?

a) Fresa

b) Zanahoria

c) Limón

d) Piña

Answers / Soluciones

1. c

2. b

3. c

4. a

5. c

Chapter 3. Cuidando a los niños – Taking care of the kids

Nina estaba sentada tranquila en su cuarto, haciendo su tarea. El profesor de la tercera clase de la mañana había indicado que les asignaría cinco largos temas para investigar. Se entregarían la primera semana del mes siguiente, y Nina ya estaba investigando el segundo.

Parecía que nada podría salir mal.

"¿Nina? ¡Nina!", gritó la mayor de sus tres hermanas.

"Oh, ¿ahora qué?", dijo Nina en voz baja. "¿Sí? ¡Pase!". No quería interrumpir sus estudios; muy pocas veces tenía chance de investigar en casa.

Nina was sitting quietly in her room, doing her homework. The teacher in the third morning class had indicated that he would assign them five long topics to investigate. They would be delivered the first week of the following month, and Nina was already investigating the second.

It seemed that nothing could go wrong.

"Girl? Nina! "Cried the eldest of her three sisters.

"Oh, what now?" Nina said quietly. "Yes? Pass!". He did not want to interrupt his studies; very rarely did he have a chance to investigate at home.

Mary entró con cara de preocupación; parecía que una u otra cosa le molestaba. Estaba arreglada, con un par de tacones, una blusa con muchas rayas y una falda larga. Nina se imaginó que quería algo de ella, pero ella solo quería estudiar.

"Hola, Nina. Oye, hermana…", comenzó de una vez, con el tono de querer algo. "¿Será que puedo dejarte a los niños para que los cuides por dos horas? Necesito salir, tengo una inesperada entrevista de trabajo y necesito conseguir uno, como ya sabes. Cuando ya esté trabajando contrataría a una niñera, te lo prometo".

Mary entered with a worried face; it seemed that one or the other thing bothered him. It was arranged, with a pair of heels, a blouse with many stripes and a long skirt. Nina figured he wanted something from her, but she just wanted to study.

"Hello Girl. Hey, sister… ", he began at once, with the tone of wanting something. "Could it be that I can leave the children to take care of them for two hours? I need to go out, I have an unexpected job interview and I need to get one, as you

already know. When I'm already working I would hire a babysitter, I promise. "

Nina conocía los numerosos y variados problemas de su hermana y entendía que necesitaba un trabajo. Suspiró y aceptó que tenía que ayudarla.

"Está bien, cuidaré a Juancito y Rebequita".

"¡Gracias!", gritó Mary, dándole un beso en la frente a su hermana. "Vengan niños, su tía los va a cuidar. Me voy, hermana, ¡nos vemos!".

Juan y Rebeca tenían cinco y seis años, respectivamente. Se acercaron corriendo a su tía Mary y la abrazaron por unos largos instantes.

"Gracias por cuidarnos, tía".

Nina knew of her sister's many and varied problems and understood that she needed a job. He sighed and accepted that he had to help her.

"Okay, I will take care of Juancito and Rebequita."

"Thank you!" Mary yelled, kissing her sister on the forehead. Come children, your aunt will take care of you. I'm leaving, sister, see you! "

Juan and Rebeca were five and six years old, respectively. They ran up to their

Aunt Mary and held her for a long moment.

"Thanks for taking care of us, auntie."

Enseguida, Nina supo que iba a tener que dejar sus tres cuadernos sobre el escritorio para estar pendiente de los niños. Los llevó a la sala y miró lo que había ahí.

"A ver, chicos: ¿quieren jugar con sus juguetes, mirar una película, ver algo en la televisión o salir a correr?". Esas cuatro actividades eran las cosas que más les gustaban a Juan y Rebeca, por lo que ella supo enseguida que iban a escoger al menos una.

"Queremos jugar videojuegos, tía", dijo Rebeca, y Nina levantó una ceja.

¿Es en serio?

"Está bien, nena, vamos a jugar videojuegos. ¡Vaya! Tienes muchos juegos, ¿cuál quieres poner?".

Nina knew right away that she was going to have to leave her three notebooks on the desk to keep an eye on the children. He led them into the living room and looked at what was there.

"Let's see, guys: do you want to play with your toys, watch a movie, watch something on television or go for a run?" Those four activities were the things that Juan and Rebeca liked the most, so she

knew right away that they were going to choose at least one.

"We want to play video games, aunt," Rebecca said, and Nina raised an eyebrow.

Is seriously?

"Okay, baby, let's play video games. Wow! You have many games, which one do you want to play? ".

"Sí, ¡tenemos cincuenta juegos!", gritó Juan.

"Tonto, tenemos cuarenta y dos", dijo Rebeca. "Por favor, pon el de los marcianos".

Nina comenzó a buscar el de los marcianos, pasando cinco, diez, quince juegos antes de alcanzarlo.

"¿Este?", preguntó.

"¡Ese mismo!". Introdujo el juego y comenzaron a jugar. Nina lo miró y le encantó: era sobre un equipo de cuatro héroes que se enfrentaban a hordas de alienígenas armados. Disfrutó tanto mirarlos jugar que al final no pudo aguantar más. "¿Puedo jugar?", preguntó. Los niños se rieron de ella y le dejaron el control. "Gracias, niños".

"Yes, we have fifty games!" Juan shouted.

"Fool, we have forty-two," Rebecca said. "Please put the one on the Martians."

Nina began searching for the Martians', spending five, ten, fifteen games before reaching for it.

"This one?" He asked.

"That same one!" He introduced the game and they started playing. Nina looked at him and loved it: it was about a team of four heroes facing hordes of armed aliens. He enjoyed watching them play so much that in the end he couldn't take it anymore. "Can I play?" He asked. The children laughed at her and left her in control. "Thank you kids".

Ahí pasó varios minutos, aprendiendo, distrayéndose por al menos media hora. Cuando dejó el control sobre la alfombra y fue a decirle algo a Juan, este no estaba.

De hecho, ninguno de los dos estaba. Los niños se habían desaparecido.

"¿¡Qué?!", gritó Nina. "¡Niños! ¡Niiiiñoooooss!".

Nada. Silencio. Pasaron diez segundos y Nina llamó de nuevo. Absolutamente nada.

Con nervios, Nina comenzó a buscarlos por la casa: detrás del sofá y debajo de la mesa; en los cajones grandes y tras el refrigerador. No estaban por ningún lado. Debajo de las camas, en los armarios y en el baño también buscó. Nada, nada y nada. Tienen que estar en algún lado, ¿no? Mary la iba a matar si regresaba de la entrevista y los niños no estaban, pero Nina tenía esperanzas de encontrarlos.

There he spent several minutes, learning, distracting himself for at least half an hour. When she left the control on the carpet and went to say something to Juan, he was not there.

In fact, neither of them was. The children were gone.

"What ?!" Nina yelled. "Children! Niiiiñooooss! ".

Nothing. Silence. Ten seconds passed and Nina called again. Absolutely nothing.

Nervously, Nina started looking for them around the house: behind the sofa and under the table; in large drawers and behind the refrigerator. They were nowhere to be found. Under the beds, in the cupboards and in the bathroom he also searched. Nothing, nothing and nothing. They have to be somewhere, right? Mary was going to kill her if she came back from the interview and the children were gone, but Nina had hopes of finding them.

Abrió el trío de puertas de vidrio que llevaban al exterior de la casa y salió al jardín.

"¡Juan! ¡Rebeca!", gritaba múltiples veces, caminando de un lugar a otro. "Por favor,

¡salgan ya y dejen de causarme preocupación!".

El disparo la golpeó en el hombro y la hizo gritar de terror. Nina cayó al césped y pensó que se estaba muriendo… aguarda, un momento…

Era pintura.

Juan salió de entre unos arbustos con una pistola de paintball y se rio a carcajadas de Nina, la cual estaba furiosa. Rebeca apareció un momento después, desde otro arbusto, y comenzó a dispararle a Juan.

He opened the trio of glass doors leading to the outside of the house and stepped out into the garden.

"Juan! Rebekah! "She screamed multiple times, walking from one place to another. "Please go out now and stop worrying me!"

The shot hit her on the shoulder and made her scream in terror. Nina fell onto the grass and thought she was dying ... wait, wait ...

It was painting.

Juan came out of the bushes with a paintball gun and laughed out loud at Nina, who was furious. Rebecca appeared

a moment later, from another bush, and began to shoot Juan.

"¡Oye, no te rías de la tía!", dijo, aunque también se estaba riendo.

"No puede ser, ¡pensé que los habían secuestrado! ¡Tontos, ambos!", gritó Nina con rabia. Pero en ese momento vio también un arma de pintura en una mesa y sonrió malvadamente. "¡Pero me las van a pagar!".

Introdujo un cartucho de perdigones y comenzó a dispararles a ambos niños, asegurándose de no apuntar a sus caritas. Huyeron, corriendo entre los arbustos mientras la pintura cubría el césped a su alrededor. Nina escuchó un grito de Juan y se asustó nuevamente, corriendo a ver qué le había pasado.

"Hey, don't laugh at Auntie!" She said, though she was laughing too.

"It can't be, I thought they had been kidnapped! Fools, both of you! "Nina yelled angrily. But at that moment he also saw a paint gun on a table and smiled wickedly. "But they will pay me!"

He inserted a pellet cartridge and started shooting at both children, making sure not to target their faces. They fled, running through the bushes as the paint covered the grass around them. Nina heard a shout from Juan and was scared

again, running to see what had happened to her.

Cuando llegó, fue su turno de reírse.

"Jajaja, ¡¿qué te pasó?!". Juan había caído de cara en un pozo de lodo. Estaba cubierto de esa mezcla marrón de pies a cabeza, y Rebeca no paraba de reírse. Ella también tenía toda la ropa llena de pintura, como Nina. El niño comenzó a sollozar y Nina se compadeció. "Vamos a casa, con cuidado, trata de no ensuciar nada".

Nina miró el reloj, ya había pasado una hora. Debía apurarse antes de que regresara Mary. El perro de la casa vino corriendo a ver qué sucedía y saltó encima de Rebeca, ensuciándola también.

"Lo que faltaba", dijo Nina con molestia. "Vamos, Toby, ¡deja de colaborar con el desastre!".

When he arrived, it was his turn to laugh.

"Hahaha, what happened to you?!" Juan had fallen face first into a mud pit. He was covered in that brown mix from head to toe, and Rebecca kept laughing. She also had all the clothes full of paint, like Nina. The boy started to sob and Nina felt sorry. "Let's go home, be careful, try not to dirty anything."

Nina looked at the clock, an hour had already passed. He had to hurry before

Mary returned. The house dog came running to see what was happening and jumped on Rebecca, dirtying her too.

"What was missing," Nina said annoyed. "Come on, Toby, stop collaborating with the disaster!"

Entraron a la casa por la puerta trasera, quitándose los zapatos y la ropa sucia poco a poco. Nina sabía que tendría que bañar a los niños, y a ella misma, pero que tendría que hacerlo rápido.

"Estamos muy sucios; mi mamá nos va a regañar", dijo Juan con tristeza.

"Nada de eso, mi amor", respondió Nina. "Apurémonos y ya".

Comenzaron a bañarse, quitándose la capa externa de ropa sucia y asegurándose de sacar el sucio con esfuerzo. No podía quedar ni una sola mancha que los delatara, todos sabían esto.

They entered the house through the back door, taking off their shoes and dirty clothes little by little. Nina knew she would have to bathe the children, and herself, but she would have to do it quickly.

"We are very dirty; my mom is going to scold us ", Juan said sadly.

"None of that, my love," replied Nina. "Let's hurry and now."

They began to bathe, removing the outer layer of dirty laundry and making sure to remove the dirt with effort. There could not be a single stain to give them away, everyone knew this.

Rápidamente, Nina lanzó la ropa sucia en una lavadora-secadora y miró impacientemente mientras el montón de ropa daba docenas de vueltas. Los niños se secaban con sus toallas, haciendo énfasis en su cabello para que no se notara que se habían bañado.

"¿Listos los dos?", dijo Nina, pero no le dio tiempo de terminar; enseguida oyeron el sonido de unas llaves.

La puerta de la casa se abrió y una Mary sonriente entró.

Nina quickly tossed the dirty clothes into a washer-dryer and watched impatiently as the pile of clothes spun dozens of turns. The children dried themselves with their towels, emphasizing their hair so that it was not noticeable that they had bathed.

"Are you both ready?" Nina said, but she didn't have time to finish; they immediately heard the sound of keys.

The front door of the house opened and a smiling Mary entered.

"Hermana, niños, ¡fui contratada!". Todos la felicitaron entre gritos y aplausos. Mary sonreía con suma alegría. Pero luego cambió su cara a una de sospecha, y todos se preocuparon. Nos descubrió, pensó Nina.

"¿Qué sucede?", preguntó la hermana menor.

"Mmm", dijo Mary, pensativa, y todos se pusieron sumamente nerviosos. "No, nada. Solo que la puerta trasera está abierta. No pasa nada".

La mirada cómplice de Nina con los niños fue muy curiosa y graciosa, pero lo que habían hecho esa tarde no saldría de entre ellos.

Sería su gran y travieso secreto.

Ahora, pensó Nina con felicidad, ¡a estudiar!

"Sister, kids, I was hired!" Everyone congratulated her with shouts and applause. Mary was smiling with great joy. But then he changed his face to one of suspicion, and everyone worried. He discovered us, Nina thought.

"What is it?" Asked the younger sister.

"Mmm," said Mary thoughtfully, and everyone became extremely nervous. "No, nothing. Only the back door is open. Nothing happens".

Nina's knowing look with the children was very curious and funny, but what they had done that afternoon would not come out from among them.

It would be his big and naughty secret.

Now, Nina thought happily, to study!

Resumen de la historia

Nina se encuentra tranquila en su cuarto tratando de estudiar, deseando que nadie la interrumpa, cuando su hermana Mary entra en la habitación. Le pide que cuide a los niños porque tiene que ir a una entrevista de trabajo. Nina acepta y les ofrece varias actividades para distraerlos; al final escogen jugar videojuegos. La más distraída es Nina: los niños desaparecen y ella no los encuentra en ninguna parte; al final, sale desesperada a ver si están en el jardín y, sí, están ahí con pistolas de pintura. Entre una cosa y otra, terminan ensuciándose todos y deben bañarse y lavar su ropa rápidamente, antes de que regrese Mary. Justo cuando han terminado, llega Mary a la casa. Aunque parece sospechar de ellos, al final todo queda en secreto y Nina puede estudiar con tranquilidad.

Summary of the story

Nina is in her room, attempting to study in peace, and hoping that nobody interrupts her, when her sister, Mary, enters. She asks Nina to take care of the children because she has a job interview. Nina accepts and offers the kids several activities so that they can distract themselves; at the end they choose to play video games. The most distracted is Nina herself: the children disappear and she suddenly can't find them anywhere; at the end, she goes out of the house desperately and checks the garden for any sign of them, and they come out of some bushes and shoot her with paintball guns. One thing leads to another and they all end up dirty and must bathe and wash their clothing quickly before Mary returns. At the precise moment when they're finishing, Mary arrives at the house. Although she seems to suspect something is amiss, it all ends up a secret and Nina can study in peace.

Vocabulary of the story

tranquila: peacefully

su cuarto: her room

haciendo su tarea: doing her homework

tercera: third (feminine)

la mañana: the morning

asignaría: would assign

cinco: five

temas: subjects

primera semana: first week

mes siguiente: following month

segundo: second

nada: nothing

la mayor: the eldest (feminine)

tres hermanas: three sisters

muy pocas veces: very rarely

una u otra cosa: one thing or another

arreglada: well-dressed

un par: a pair

tacones: high heels

una: one (feminine)

muchas: many (feminine)

se imaginó: imagined

de una vez: at once

tono de querer algo: tone of wanting something

dos horas: two hours

inesperada: unexpected

entrevista de trabajo: job interview

contrataría: I would hire

te lo prometo: I promise you

numerosos: numerous

variados: varied

cuidaré: I'll take care of

un beso en la frente: a kiss on the forehead

cinco: five

seis: six

unos largos instantes: a few long instants

enseguida: right away

tres cuadernos: three notebooks

juguetes: toys

película: movie

salir a correr: go out for a run

cuatro: four

gustaban: liked (plural)

al menos una: at least one

levantó una ceja: lifted an eyebrow

¿es en serio?: really?

muchos: many

cincuenta: fifty

cuarenta y dos: forty-two

el de los marcianos: the one about the martians

diez: ten

quince: fifteen

alcanzarlo: reach it

este: this one

introdujo: inserted

le encantó: loved it

enfrentaban: faced

hordas: hordes

alienígenas: aliens

tanto: so much

no pudo aguantar más: couldn't stand it anymore

se rieron de ella: they laughed at her

varios minutos: several minutes

aprendiendo: learning

distrayéndose: distracting him/her/itself

al menos: at least

media hora: half an hour

pasaron diez segundos: ten seconds passed

cajones: drawers

por ningún lado: nowhere around

algún lado: somewhere

el trío: the trio

múltiples: multiple

causarme preocupación: worrying me

disparo: shot

hombro: shoulder

gritar de terror: scream in terror

se estaba muriendo: she was dying

unos arbustos: some bushes

un momento después: one moment

secuestrado: kidnapped

ambos: both of you

me la van a pagar: you'll pay for it (plural)

un cartucho de perdigones: a cartridge of pellets

huyeron: fled (plural)

su turno: his/her/its turn

caído de cara: fallen face first

un pozo de lodo: a pool of mud

cubierto: covered

comenzó a sollozar: started to sob

se compadeció: felt pity

ensuciar: to soil/dirty

una hora: one hour

apurarse: hurry

saltó encima: jumped onto

ensuciándola: getting her dirty

lo que faltaba: just what we needed

quitándose: taking off their

poco a poco: bit by bit

rápido: quickly

apurémonos: let's hurry

con esfuerzo: with effort

quedar ni una sola mancha: there could not be a single stain left

impacientemente: impatiently

montón de ropa: bundle of clothes

docenas de vueltas: dozens of turns

haciendo énfasis en: making an emphasis on

cabello: hair

menor: younger

mirada cómplice: knowing look

Exercise:

Questions about the story / Preguntas

1) ¿Cuántos temas tenía que investigar Nina?

a) Uno

b) Dos

c) Tres

d) Cinco

2) ¿Cuántas hermanas tenía Nina?

a) Tres

b) Cuatro

c) Una

d) Cinco

3) ¿Qué edades tenían Juan y Rebeca?

a) Dos y Tres

b) Cuatro y Seis

c) Cinco y Seis

d) Seis y Cinco

4) ¿Qué le hicieron los niños a Nina?

a) Tirarle una piedra

b) Hacerla caer en un pozo de lodo

c) Golpearla

d) Dispararle

5) ¿Cuánto tiempo estaría Mary fuera de casa?

a) Media hora

b) Una hora

c) Dos horas

d) No especifica

Answers / Soluciones

1) D

2) A

3) C

4) D

5) C

Chapter 4. El Blanco

"¡Qué emoción!" grita Rebeca, mientras sube al carro. Ella y su prometido van den camino al banco para depositar el dinero de la quincena y de la despedida de Rebeca en su cuenta bancaria. Manejan hasta el centro de la ciudad, intentando llegar al banco antes que cierre. Rebeca tiene un sobre con el dinero, y quieren depositar el efectivo antes de viajar a su luna de miel. Faltan solo seis días para su boda, y están haciendo las últimas preparaciones. Llegan al banco y se bajan del auto.

"How exciting!" shouts Rebeca as she gets in the car. She and her fiancée are on their way to the bank to deposit their wages and some money from Rebeca's bachelorette party into their bank account. They drive to the center of the city, trying to arrive at the bank before it closes. Rebeca has an envelope with the money in it, and they want to deposit the cash before traveling on their honeymoon. With only six days left until their wedding, they are finishing all the last-minute preparations. They arrive at the bank and get out of the car.

"Ya llegamos— justo a tiempo," dice Jorge, abriendo la puerta del banco para su prometida. La oficina del banco ya está cerrada, pero aún hay cajeros automáticos abiertos.

"We made it— just in time," says George, opening the bank door for his fiancée. The bank's office is closed, but the ATM machines are still open.

"Ay— no… ¡mira la fila, Jorge!" Rebeca señala a las personas esperando usar los cajeros. "Son demasiadas personas. ¡Estaremos aquí en la fila un buen rato, y tengo que recoger mi vestido de novia a las 4:45!"

"Oh no… look at that line, George!" Rebeca points to the people waiting to use the ATM machines. "That's way too many people. We'll be in this line forever, and I have to pick up my wedding dress at 4:45!"

Jorge mira su reloj. "Son las 4. Yo creo que nos alcanzará el tiempo."

Jorge looks at his watch. "It's 4 o'clock. I think we'll make it."

Se paren atrás de la última persona en la fila para esperar. Notan que dos de los cajeros están fuera de servicio.

They stand behind the last person in line to wait. They realize that two of the ATM machines are out of service.

"Uf. ¿Fuera de servicio otra vez? En este banco casi siempre hay uno o dos que están fuera de servicio," dice Rebeca.

"Ugh. Out of service again? There's always at least one or two machines out of order in this bank," says Rebeca.

"Ya sé. Pero ya no hay tiempo para ir a otro banco hoy. Tienes el sobre en tu bolsa, ¿verdad?"

"I know. But we don't have time to go to another bank today. You have the envelope in your bag, right?"

"Sí," dice Rebeca, sacando el sobre de efectivo. "Aquí está."

"Yeah," replies Rebeca, taking out the envelope. "It's right here."

"¡Ey, guarda eso! No debes mostrar eso en público." Jorge agarra el sobre y lo mete en su bolsillo. El sobre está lleno de billetes, y algunas personas en la fila voltean a ver. Jorge habla en voz baja al oído de Rebeca. "Este banco está en la parte fea de la ciudad, y peligrosa."

"Hey! Put that away! You shouldn't show that in public." George grabs the envelope and shoves it in his pocket. The envelope is full of bills, and a few people in line turn around to look. Jorge whispers in Rebeca's ear. "This bank is in a bad part of the city, it's dangerous."

Esperan en la fila por casi media hora antes de llegar por fin a un cajero automático. Jorge saca su tarjeta bancaria y la mete en el cajero. Después ingresa su número de identificación personal usando el teclado numérico de la máquina. Selecciona la opción de "depositar", y teclea la cantidad de dinero. Luego saca el sobre de su bolsillo y empieza a meter los billetes en la máquina, uno por uno. Casi termina de meter todos los billetes cuando de repente, la pantalla de la maquina se apaga, con su tarjeta bancaria y casi todos los billetes adentro.

They wait in line for almost a half an hour before finally arriving at the ATM machine. George takes out his bank card and inserts it in the ATM. Afterwards he enters his PIN number using the keypad of the machine. He selects the option to "deposit", and enters the amount of money. Then he takes the envelope out of his pocket and inserts the bills into the

machine one by one. He's almost finished inserting all of the bills when suddenly the machine shuts off, with his bank card and almost all the bills inside.

"¿Qué? ¿Qué pasa con esta máquina? ¡Acaba de tragar casi todo el dinero y mi tarjeta!" Jorge mira a su alrededor para ver si hay algún empleado cerca. No hay nadie.

"What? What's wrong with this machine? It just ate almost all of the money and my card!" George looks around him to see if there are any employees nearby. No one is around.

"Ay, amor. ¿Qué hacemos? ¿No hay algún empleado por aquí?"

"Oh, honey, what should we do? Isn't there an employee around somewhere?"

Los dos miran por todos lados desesperadamente. Jorge guarda los billetes restantes en su bolsillo de nuevo. La gente en la fila se queda mirando, y un señor se acerca para preguntar qué sucede.

The two of them look around desperately. George puts the remaining bills back in his pocket. The people in line stare, and one man approaches to ask what is going on.

"Ay, tiene tu tarjeta adentro todavía, ¿verdad?" dice el hombre. "Intenta reiniciar la máquina. O golpéalo. Eso es lo que yo hago cuando me pasa eso a mí."

"Oh, it's got your card still inside, right?" says the man. "Try restarting the machine. Or give it a whack. That's what I do when it happens to me."

Jorge y Rebeca se miran con incredulidad. "¿Entonces esto es algo que pasa muy a menudo aquí en este banco?" le pregunta Jorge al extraño.

Jorge and Rebeca look at each other with skepticism. "You mean to say that this happens often here in this bank?" George asks the stranger.

"Sí, a cada rato pasan cosas así en este banco. Pero normalmente la maquina se prende de nuevo y deja salir la tarjeta."

"Yeah, that sort of thing happens in this bank all the time. But normally the machine turns itself back on again and spits out the card."

Jorge y Rebeca intentan reiniciar la máquina. Le dan unos golpes suaves. Presionan todos los botones. Pero nada funciona. La tarjeta y casi todo el dinero permanecen atrapados en la máquina.

George and Rebeca try to reboot the machine. They hit it softly a few times. They press all the buttons. But nothing works. The card and almost all of their money is still stuck inside the machine.

De repente, Rebeca se da cuenta que hay un teléfono al otro lado de cuarto. Arriba del teléfono hay un letrero que dice que número marcar para pedir ayuda con las maquinas. Jorge va e intenta usar el teléfono. Resulta que está roto también.

Suddenly, Rebeca realizes that there's a phone on the other side of the room. Above the phone is a sign stating the number to call if there is a problem with the machines. George goes over and tries to use the phone. It turns out that it too is broken.

"¿En serio?" grita Jorge. "Aparentemente nada funciona en este banco." Justo al decir estas palabras, un señor en uniforme sale de una puerta cerca al teléfono.

"Seriously?!" yells George. "Apparently nothing works in this bank. Just as the words leave his mouth, a man in uniform comes out of the door by the phone.

"Buenas tardes, señor," le dice Jorge al hombre con uniforme, "¿Me puedes ayudar? Es que la maquina número 3 tiene mi depósito y mi tarjeta todavía adentro, y está apagada."

"Good afternoon, sir," says George to the man in uniform, "Will you help me? Machine number three has my deposit and my card jammed inside, and it's shut down."

El señor le mira de forma poca comprensiva. "Ya son las 4. Lo siento, pero nuestros empleados ya se van. Yo solo soy guardia y no puedo ayudar en esos asuntos. Pero puedes marcar la línea de ayuda del banco y desde ahí te pueden atender.

" The man looks at him unsympathetically. "It's 4 o'clock. I'm sorry, but our employees are already leaving. I'm just the guard here and I can't help in those matters. But you can call the bank's help hotline and they can help you from there."

"¿Pero mi dinero? ¿Cómo lo voy a recuperar? ¡Está adentro, pero puede salir en cualquier momento y alguien lo puede agarrar!"

"But what about my money? How am I going to get it back? It's inside but it could pop out any second and someone could just grab it!"

"Habla al número de ayuda del banco. Ellos te pueden ayudar."

"Call the help hotline. They can help you."

Furioso, Jorge regresa con su prometida y busca en internet el número del banco para llamarlo. Nota que solo le queda poca batería en su celular.

Furious, George goes back to his fiancée and looks up the bank's phone number to call it. He sees that his cellphone's battery is nearly dead.

"Ay, no. Ahora resulta que solo tengo diez por ciento de batería."

"Oh, great, now I've only got ten percent of the battery left."

"Trata de calmarte, Jorge," le dice Rebeca, "estresarte no va a solucionar nada."

"Try to calm down, George," says Rebeca, "stressing yourself out is not going to solve anything."

"Sí, ya sé, amor. Pero la son las 4:40, ¡y tienes que ir por tu vestido!"

"Yeah, I know, honey. But it's 4:40, and you have to go get your dress!"

Resumen de la historia

Rebeca y Jorge, una pareja comprometida, van al banco para depositar dinero en un cajero automático. Quedan pocos días para su boda, y tienen muchas cosas que hacer. Sin embargo, el banco está lleno de gente y hay varias máquinas fuera de servicio, entonces tienen que esperar en una larga fila. Cuando por fin llegan al cajero automático, sucede algo frustrante que añade aún más estrés a su día.

Summary of the story

Rebeca and George, an engaged couple, are headed to the bank to deposit money in an ATM. There are only a few days left before their wedding, and they have a lot to do. However, the bank is full of people and a few machines are out of service, so they have to wait in a long line. When they finally get to the ATM, something frustrating happens to add even more stress to their day.

Vocabulary of the story

¡Qué emoción! - How exciting!

Banco - Bank

Dinero - Money

Quincena - Two week's wages

Cuenta bancaria - Bank account

Cierra - It closes (from the verb cerrar, "to close")

Sobre - Envelope

Depositar - To deposit

Efectivo - Cash

Oficina - Office

Cerrada (o) - Closed

Cajeros automáticos - ATM machines

Abierto(s) - Open

Fila - Line, queue

Fuera de servicio - Out of service

Tarjeta bancaria - Bank card

Número de identificación personal - PIN number

El teclado numérico - Keypad

Maquina - Machine

Cantidad - Amount

Billetes - Bills

Pantalla - Screen

Empleado - Employee

Guardia - Guard

Número - Number

Exercise

Questions about the story / Preguntas

¿Qué es lo que Rebeca y Jorge quieren depositar en el banco?

a. un cheque

b. la quincena y dinero de la despedida

c. la quincena y dinero de la renta

2. ¿A qué hora llegan al banco?

a. a las 5

b. a las 4:45

c. a las 4

3. ¿A qué hora tienen que recoger el vestido de Rebeca?

a. a las 5

b. a las 4:45

c. a las 4

4. ¿Cuántos cajeros están fuera de servicio cuando llegan al banco?

a. 1

b. 3

c. 2

5. ¿Quién le ayuda a Jorge a sacar su dinero?

a. el guardia

b. el señor en la fila

c. nadie

Answers / Soluciones

1. b

2. c

3. b

4. c

5. c

Chapter 5.   El Pincel Mágico

Hace muchos años, en la ciudad de París, nació un pequeño niño al que llamaron Brandon. Brandon, desde muy pequeño, demostró ser muy talentoso para todo lo referente al arte. Era muy hábil con las manualidades, dibujando, pintando, haciendo cuadros y diseños. Sus padres siempre fueron muy buenos con él. Lo animaban a que siguiera con su arte a pesar de que muchas otras personas le decían que dibujando y, haciendo lo que hacía, no llegaría muy lejos.

Many years ago, in the city of Paris, a little boy was born who they called Brandon. Brandon, from a very young age, proved to be very talented for everything related to art. He was very skilled with crafts, drawing, painting, making pictures and designs. His parents were always very good to him. They encouraged him to continue with his art despite the fact that many other people told him that drawing and doing what he did would not go very far.

Un día, iban en el carro Brandon, su mamá y su papa. Estaban regresando del instituto de dibujo y diseño en el que Brandon iba a clases de dibujo. Era un día extremadamente lluvioso, con mucha neblina, muchos truenos e incluso un poco de granizo. Para regresar a casa desde el instituto era necesario tomar la carretera. Debido a la fuerte lluvia, todos los carros que transitaban en esa carretera iban bastante lento y los padres de Brandon no eran la excepción.

One day, Brandon, his mom and dad were in the car. They were returning from the drawing and design institute where Brandon went to drawing classes. It was an extremely rainy day, with a lot of fog, lots of thunder and even a little hail. To return home from school it was necessary to take the road. Due to the heavy rain, all the cars that were traveling on that road were slow enough and Brandon's parents were no exception.

Sin embargo, el padre de Brandon, que estaba manejando, logró ver a través del retrovisor un carro que venía muy rápido, cosa que era bastante imprudente por las condiciones climáticas. Aquel carro se fué acercando poco a poco y justo cuando el padre de Brandon quiso hacerse a un lado para que el carro no lo perjudicara, cayó un trueno.

However, Brandon's father, who was driving, managed to see through the rear-view mirror a car that was coming very fast, which was quite unwise due to weather conditions. Little by little, that car got closer and just as Brandon's father wanted to step aside so that the car didn't harm him, thunder fell.

El trueno cayó justo en frente del carro en el que iban Brandon y sus padres, lo que provocó que su padre se asustara y perdiera el control. Cuando perdió el control, el carro empezó a deslizarse sobre aquella carretera y sin poder evitarlo, el carro que venía rápidamente desde detrás, se chocó con ellos.

The thunder crashed right in front of the car Brandon and his parents were riding in, causing his father to panic and lose control. When he lost control, the car began to slide on that road and without being able to avoid it, the car that came rapidly from behind, collided with them.

Lo próximo que recuerda Brandon fue que se despertó en el cuarto de un hospital, muy adolorido y rodeado por sus tíos, primos y abuelos. Le costaba bastante hablar porque le dolía mucho el pecho. Aún así, logró decir unas pocas palabras.

-Brandon: Y… ¿Mis padres?

Todos hicieron silencio. Nadie quiso responder a aquella pregunta. Todos evitaron mirar directamente a los ojos del niño.

-Abuela: Recuéstate y descansa. Te has dado golpes bastante fuertes. Es mejor que sigas durmiendo un rato y luego hablaremos mejor.

Y así sucedió. Debido al dolor y a los medicamentos, Brandon volvió a dormirse rodeado de sus familiares.

The next thing Brandon remembers was that he woke up in a hospital room, very sore and surrounded by his uncles, cousins, and grandparents. It was hard for him to speak because his chest hurt a lot. Still, he managed to say a few words.

-Brandon: And ... My parents?

Everyone fell silent. No one wanted to answer that question. Everyone avoided looking directly into the boy's eyes.

-Grandmother: Lie down and rest. You hit yourself pretty hard. You better keep sleeping for a while and then we'll talk better.

And so it happened. Due to pain and medication, Brandon fell asleep again surrounded by family members.

Al día siguiente, Brandon se despertó mucho mejor. Sintiendo menos dolor y un poco más descansado. Volvió a verse rodeado de sus tíos, primos y abuelos, pero no veía a sus padres por lo que preguntó de nuevo

-Brandon: ¿Dónde están mis padres?

-Abuela: Brandon, querido, ¿Cómo te sientes hoy?

-Brandon: Mucho mejor. Me duele un poco la pierna y la muñeca pero estoy mejor.

-Abuela: Me alegra oírlo.

The next day, Brandon woke up much better. Feeling less pain and a little more rested. He was again surrounded by his uncles, cousins and grandparents, but did not see his parents so he asked again

-Brandon: Where are my parents?

-Grandmother: Brandon, dear, how are you feeling today?

-Brandon: Much better. My leg and wrist hurt a little but I'm better.

-Grandmother: Glad to hear it.

-Brandon: Abuela, ¿Por qué nadie me dice donde están mis padres?

-Abuela: En este momento eso no es importante. Por ahora debes descansar y recuperarte.

-Brandon: Pero quiero verlos, quiero saber lo qué les ha pasado.

-Abuela: Tu mamá está en otro cuarto, recuperándose de una operación en los pulmones

-Brandon: ¿Y mi papá?

-Abuela: Está en el quirófano en este momento. Se golpeó muy fuerte en la cabeza y están haciendo todo lo posible para salvarlo.

Brandon se desmayó después de escuchar aquellas terribles palabras.

-Brandon: Grandma, why doesn't anyone tell me where my parents are?

-Grandmother: At the moment that is not important. For now you should rest and recover.

-Brandon: But I want to see them, I want to know what has happened to them.

-Grandmother: Your mom is in another room, recovering from an operation on her lungs

-Brandon: And my dad?

-Grandmother: She is in the operating room at the moment. He was hit very hard on the head and they are doing everything possible to save him.

Brandon passed out after hearing those terrible words.

El padre de Brandon no logró sobrevivir a la operación, mientras que la madre tuvo complicaciones pocos meses después por lo que también murió. Brandon, para no ir a un orfanato, se mudó con su abuela. Ella no toleraba la idea de que fuera artista, pues decía que así no ganaría suficiente dinero para vivir. En contra de su voluntad, Brandon fue obligado a estudiar ingeniería de software, cosa que no le gustaba para nada. Se graduó, consiguió un empleo bien remunerado y nunca más hizo aquello que le apasionaba.

Brandon's father was unable to survive the operation, while the mother had complications a few months later so she also died. Brandon, not to go to an orphanage, moved with his grandmother. She did not tolerate the idea that he was an artist, because he said that this way he would not earn enough money to live. Against his will, Brandon was forced to study software engineering, which he did not like at all. He graduated, got a well-paying job, and never did what he was passionate about again.

Un día, saliendo del trabajo, fue de paseo a un parque, pues no quería regresar a casa aún. Allí se sentó en un banco a observar a los niños jugando, las aves, las plantas y todo lo demás. De pronto, se sentó junto a él un hombre muy alto, con un traje de color blanco, sombrero blanco, lentes de sol y barba muy larga de color negro. Era muy difícil ver bien la cara de aquel sujeto.

One day, leaving work, he went for a walk to a park, because he did not want to go home yet. There he sat on a bench to watch the children playing, the birds, the plants and everything else. Suddenly, a very tall man in a white suit, white hat, sunglasses, and a very long black beard sat next to him. It was very difficult to see the face of that subject well.

-Brandon: Buenas tardes.

-Sujeto: Buenas tardes. Lindo paisaje. ¿Cierto?

-Brandon: Así es.

-Sujeto: Yo lo creé

-Brandon: ¿A qué se refiere?

-Sujeto: Soy el creador de todo lo que ves en este parque.

-Brandon: ¿Quieres decir que eres Dios?

-Sujeto: No. Trabajo para él.

-Brandon: ¿En serio?

-Sujeto: Así es, hace mucho tiempo, estaba sentado en esta misma banca, cuando se acercó una chica y me pidió que hiciera un dibujo con un pincel que ella me dio.

-Brandon: Good afternoon.

-Subject: Good afternoon. Beautiful landscape. True?

-Brandon: That's right.

-Subject: I created it

-Brandon: What do you mean?

-Subject: I am the creator of everything you see in this park.

-Brandon: Do you mean that you are God?

-Subject: No. I work for him.

-Brandon: Really?

-Subject: That's right, a long time ago, I was sitting on this same bench, when a girl came up and asked me to make a drawing with a brush that she gave me.

-Brandon: No entiendo.

-Sujeto: Toma, dibuja aquí algo que te gustaría ver en el parque.

-Brandon: Yo no dibujo Señor, ya no.

-Sujeto: Nosotros nunca nos equivocamos. Venga, inténtalo …

Agarró Brandon aquél pincel y aquella hoja, después de muchos años sin hacerlo. Se le hacía extraño agarrarlo. Se sentía diferente aquel pincel, pesado pero no demasiado, grueso pero bastante suave. Dibujó entonces un colibrí en aquella hoja de papel y la entregó al sujeto.

-Sujeto: Bastante bonito. Ahora pon la hoja en el piso.

-Brandon: De acuerdo.

-Brandon: I don't understand.

-Sujeto: Here, draw something you would like to see in the park here.

-Brandon: I don't draw Lord, not anymore.

-Sujeto: We are never wrong. Come on, try it ...

Brandon grabbed that brush and that blade, after many years without doing it. It seemed strange to hold him. That brush felt different, heavy but not too thick and thick enough. He then drew a hummingbird on that sheet of paper and handed it to the subject.

-Sujeto: Pretty nice. Now put the sheet on the floor.

-Brandon: All right.

Hecho eso, sorprendentemente, el colibrí tomó vida. Salió de la hoja de papel y se fue volando a un árbol a estar con los otros pájaros.

-Sujeto: ¿Ya ves? Dios me dio la tarea de llenar la tierra con las cosas bonitas que quiera dibujar. Somos muchos alrededor del mundo.

-Brandon: Está increíble.

-Sujeto: Pero mi tiempo ya acabó. Debo seguir con mi vida de anciano y darle mi puesto a otra persona. Quiero que seas tú.

-Brandon: ¿Qué? ¿En serio? ¿Está seguro?

-Sujeto: Así es

-Brandon: Pero yo no dibujo desde hace muchos años, es que yo no sé si….

That done, surprisingly, the hummingbird came alive. He got out of the sheet of paper and flew off to a tree to be with the other birds.

-Sujeto: Do you see? God gave me the task of filling the earth with the beautiful things that I want to draw. We are many around the world.

-Brandon: It's amazing.

-Sujeto: But my time is up. I must continue my life as an old man and give my position to someone else. I want it to be you.

-Brandon: What? Really? Are you sure?

Sujeto: That's right

-Brandon: But I haven't been drawing for many years, I just don't know if ...

Cuando Brandon se dio cuenta, el sujeto ya había desaparecido. Volteó la cabeza y miraba en todas las direcciones pero ya no estaba. En su lugar, encontró una nota que decía:

"Esto es bastante fácil chico, sé que podrás hacerlo mejor que yo. Dibuja las cosas bonitas que se te vengan a la mente. Nunca dibujes triste o molesto con el pincel, ¿vale? Si dibujas algo malvado, el pincel se autodestruirá y tu dibujo será tu tortura para siempre".

Brandon se quedó allí, horas, pensando en lo que acababa de suceder. No lo podía creer, era algo mágico. Era ya muy de noche, y tenía hambre, así que vio el pincel y sin saber si funcionaría, dibujó una hamburguesa, papas fritas y una soda, puso la hoja en el piso y .. ¡sí! había funcionado. Comenzó a comer aquella hamburguesa, que estaba muy sabrosa, y se levantó y se fue a casa.

When Brandon realized it, the subject had already disappeared. He turned his head and looked in all directions but was gone. Instead, he found a note that said:

"This is pretty easy boy, I know you can do better than me. Draw the pretty things that come to mind. Never draw sad or upset with the brush, okay? If you draw something evil, the brush will self-destruct and your drawing will be your torture forever ".

Brandon stood there for hours, thinking about what had just happened. I couldn't believe it, it was something magical. It was already very dark, and he was hungry, so he saw the brush and without knowing if it would work, he drew a hamburger, french fries and soda, he put

the sheet on the floor and ... yes! it had worked. He started eating that hamburger, which was very tasty, and he got up and went home.

Al día siguiente, al salir del trabajo fue de nuevo al parque, donde tímidamente dibujó unas mariposas, arañas y otros pequeños insectos para probar su habilidad.

-Sujeto: Muy buen trabajo. Sabía que eras el indicado.

-Brandon: Muchas gracias.

-Sujeto: Nunca intenté lo de la comida jajaja, bastante ingenioso.

-Brandon: ¿Quieres algo de comer?

-Sujeto: No, gracias. Espero que disfrutes esto tanto como yo. Es maravilloso venir y ver hecha realidad las cosas que imaginamos y dibujamos.

-Brandon: Hiciste un excelente trabajo aquí.

-Sujeto: Gracias. Hay algo más que quiero decirte. No cometas el mismo error que cometió Phil de buscar fama y fortuna con los dibujos. Esto es algo más bonito, más sensible, sabes?

-Brandon: De acuerdo.

The next day, when he left work, he went back to the park, where he timidly drew some butterflies, spiders and other small insects to test his ability.

-Sujeto: Very good work. I knew you were the one.

-Brandon: Thank you very much.

-Sujeto: I never tried the food hahaha, quite ingenious.

-Brandon: Do you want something to eat?

-Sujeto: No, thanks. I hope you enjoy this as much as I do. It is wonderful to come and see the things we imagine and draw come true.

-Brandon: You did an excellent job here.

-Sujeto: Thank you. There is something else I want to tell you. Don't make the same mistake Phil made to seek fame and fortune with the drawings. This is something prettier, more sensitive, you know?

-Brandon: All right.

Hablaron y hablaron durante toda la tarde. Brandon dibujó unas donas para merendar y algunas flores y aves muy hermosas. Cuando regresó a casa estaba muy contento. Estaba haciendo de nuevo aquello que tanto le gustaba, aquello que su madre y padre tanto lo motivaron a hacer. De pronto, al recordarlos y recordar su trágica muerte, perdió toda la alegría. Deseaba poder enseñarles a sus padres aquello que estaba haciendo. Pensó que si sólo pudiera regresar en el tiempo a verlos una vez más…

They talked and talked throughout the afternoon. Brandon drew some donuts for snacks and some very beautiful flowers and birds. When he returned home he was very happy. He was doing again what he liked so much, what his mother and father so motivated him to do. Suddenly, remembering them and remembering their tragic death, she lost all joy. She wished she could teach her parents what she was doing. He thought that if he could only go back in time to see them one more time ...

Emocionado por la idea, agarró aquel pincel y comenzó a dibujar una especie de máquina del tiempo. Cuando estuvo lista, puso la hoja en el piso y ésta se volvió real. Se subió, la encendió y puso la fecha a la que deseaba viajar… pero de pronto se detuvo. Si viajaba en el tiempo, sus padres no lo reconocerían. Si cambiaba algo del pasado, también cambiaría su presente y arruinaría la gran oportunidad que se le había dado. Con un poco de tristeza, abandonó aquella idea del viaje en el tiempo, pensó en lo mucho que habían hecho sus padres por él y en que no los decepcionaría de ahora en adelante.

Excited by the idea, he grabbed that brush and started drawing a kind of time machine. When she was ready, she put the sheet on the floor and it became real. He got in, turned it on, and set the date he wanted to travel ... but suddenly stopped. If he traveled back in time, his parents would not recognize him. If he changed anything from the past, he would also change his present and ruin the great opportunity given to him. With a little sadness, he abandoned that idea of time travel, thought about how much his parents had done for him and that he would not disappoint them from now on.

Resumen de la historia

Esta historia es sobre un niño llamado Brandon, que es muy bueno dibujando y haciendo manualidades. Sus padres siempre le animan a seguir dibujando y mejorando en las artes, hasta que un día, debido a un accidente de coche, su padre muere. Unos meses más tarde, su madre también muere y él se va a casa de su abuela. Su abuela le obliga a estudiar ingeniería de software, porque dice que las artes no le van a dar un buen salario. Cuando trabaja como ingeniero de software, un día va al parque, donde conoce a un extraño sujeto, que le da un pincel mágico. Con ese pincel, cualquier cosa que dibuja se convierte en realidad. El sujeto, con el pincel, también le da la tarea de dibujar cosas nuevas y hermosas para el parque y otros lugares. Un día, Brandon decide dibujar una máquina del tiempo para volver atrás en el tiempo y volver a ver a sus padres para, tal vez, cambiar el pasado. Pero lo piensa mejor y decide no hacerlo. Luego elige vivir su vida lo mejor que puede y hacer que sus padres se sientan orgullosos.

Summary of the story

This story is about a kid called Brandon, who is really good at drawing and doing handcrafts. His parents always encourage him to keep drawing and getting better at art until one day, due to a car crash his dad dies. A few months after his mother also dies, and he goes to his grandmother's house. His grandmother forces him to study software engineering because she says that art won't give him a good salary. When he is working as a software engineer, one day, he goes to the park, where he meets a strange subject who gives him a magic brush. With that brush, whatever he draws becomes real. The subject with the brush also gives him the task of drawing new beautiful things for the park and some other places. One day, Brandon decides to draw a time-machine in order to go back in time to see his parents again and maybe change the past but after thinking about it a little more, he decides not to do it. He then chooses to live his life to the best of his ability and make his parents proud.

Vocabulary of the story

Nació – Born

Demostró – Demonstrated

Talentoso – Talented

Referente – Reffered

Manualidades – Handcrafts

Dibujando – Drawing

Cuadros (pinturas) – Drawings	Descansa – Rest
Animaban – Cheer u	Recuperarte – Recover
Carro – Car	Pulmones – Lungs
Neblina – Fog	Quirófano – Operating room
Carretera – Road	Sobrevivir – Survive
Excepción – Exception	Murió – Died
Rápido – Fast	Orfanato – Orphanage
Condiciones climáticas – Climatic conditions	Obligado – Forced
Acercando – Getting closer	Empleo – Job
trueno – Thunder	Banco (Sentarse) – Bench
En frente – In front	Traje – Suit; Sombrero – Hat
Asustar – Scare	Lentes de sol – Sunglasses
Deslizarse – Slide	Paisaje – Scenery
Chocó – Crashed	Buenas tardes – Good afternoon
Recuerda – Remember	Dios – God
Despertó – Woke u	Pincel – Brush
Adolorido – in pain	Tarea – Task
Rodeado – Surrounded	Mundo – World
Palabras – Word	Mariposas – Butterflies
Padres – Parents	Maravilloso – Wonderful
Silencio – Silence	Máquina del tiempo – Time machine
Responder – To answer	Decepcionar – Dissapoint.

Exercise

Questions about the story / Preguntas

1 ¿Cuál es el nombre del protagonista?

A Lucas

B Brad

C Matt

D Brandon

E John

2 ¿Qué quería ser el protagonista cuando era joven?

A Veterinario

B Doctor

C Bombero

D Escritor

E Artista

3 ¿Qué le dio el sujeto al protagonista?

A Un lápiz

B Un pincel

C Un sombrero

D Un bolígrafo

E Una borra

4 ¿Qué dibujó Brandon que el sujeto no?

A Comida

B Ropa

C Dinero

D Un teléfono inteligente

E Un carro nuevo

5 ¿Qué dibujó Brandon que luego decidió no usar?

A Una máquina de dinero

B Una máquina del tiempo

C Una máquina de palomitas

D Una fuente de chocolate

E Una bicicleta

Answers / Soluciones

1) d ; 2) e ; 3) b ; 4) a ; 5) b

Chapter 6.   The Weather in My City — El clima de mi ciudad

Cuando las personas me preguntan por el clima en mi ciudad, siempre desean saber si es cálido o frío. La verdad es que el clima en mi ciudad es templado, es decir, no es ni frío ni cálido. La mayoría del año, la temperatura de mantiene entre diez y veinte grados. Esto hace del clima muy agradable. Hay días son que un poco fríos, y hay otros que son cálidos.

When people ask me about the weather in my city, they always want to know if it is warm or cold. The truth is that the climate in my city is temperate, that is, it is neither cold nor warm. Most of the year, the temperature stays between ten and twenty degrees. This makes the climate very pleasant. Some days are a little cold, and others are warm

En el verano, el clima rebasa los treinta grados. Esto quiere decir que los días son muy cálidos. Es un bonito cambio porque se puede ir a la playa y disfrutar de un lindo día soleado. Pero, cuando hace calor por muchos días consecutivos, también es desesperante, sobre todo, en las noches. No me gusta el calor en la noche ya que es difícil dormir así.

In the summer, the weather exceeds thirty degrees. This means that the days are very warm. It is a nice change because you can go to the beach and enjoy a nice sunny day. But, when it is hot for many consecutive days, it is also desperate, especially at night. I do not like the heat at night since it is difficult to sleep like this.

En el otoño, el clima se pone frío y hace mucho viento. Los días nublados con comunes. También llueve un poco. Los días lluvioso de otoño son ideales para pasar en casa con un buen libro y una taza de café. Aunque la temperatura baja, aun se pueden hacer muchas actividades al aire libre. Se puede correr, salir en bicicleta y hacer deporte. El otoño es mi estación favorita del año.

In the fall the weather gets cold and it is very windy. Cloudy days with commons. It also rains a little. Rainy autumn days are ideal to spend at home with a good book and a cup of coffee. Although the temperature drops, you can still do many outdoor activities. You can run, bike, and play sports. Autumn is my favorite season of the year.

En el invierno, la temperatura cae por debajo de los diez grados. La nieve no es usual en mi ciudad. De hecho, causa gran alegría entre los niños cuando cae nieve. Los niños juegan en sus casas, o en la escuela, cuando hay nieve. Usualmente, la nieve tarda dos o tres días. Son días muy alegres para todos los niños.

In the winter, the temperature drops below ten degrees. Snow is unusual in my city. It causes great joy among children when snow falls. Children play at home, or school, when there is snow. Snow usually takes two to three days. They are very happy days for all children.

Cuando pasa el invierno, viene la primavera. Esta época de caracteriza por días más cálidos, pero con mucha lluvia. Esto es bueno porque la lluvia ayuda a florecer a todas las plantas. Los árboles se ponen verdes y crece el césped. Es un poco incómoda hacer ejercicio al aire libre ya que llueve bastante.

When winter passes, spring comes. This season is characterized by warmer days, but with a lot of rain. This is good because rain helps all plants to flower. Trees turn green and grass grows. It is a little uncomfortable to exercise outdoors since it rains a lot.

También es muy común ver a personas en la playa, acampar en el bosque, o simplemente practicar deportes al aire libre. Parece que la vida vuelve una vez termina el invierno. El optimismo vuelve a la ciudad.

It is also very common to see people on the beach, to camp in the forest, or simply to practice sports outdoors. Life seems to come back once winter ends. Optimism returns to the city.

Personalmente, disfruto muchísimo los días soleados, pero no muy cálidas. No me gusta el clima muy frío. Tampoco me gusta el clima nublado y brumoso. Cuando hay bruma, es difícil ver. Además, el día luce triste. Me gusta cuando el día luce alegre y con mucho optimismo.

Personally, I enjoy sunny days, but not very warm. I don't like very cold weather. I also don't like cloudy and foggy weather. When there is mist, it is difficult to see. Also, the day looks sad. I like it when the day looks happy and very optimistic.

Tenemos una playa muy grande cerca de mi ciudad. Debemos andar unas dos horas en auto para llegar a la playa. Está bien porque podemos ir y regresar en el mismo día. Es divertido pasar tiempo en la playa. La temperatura es un poco más cálida en la playa. Aunque, sí hace frío en el invierno. Tengo amigos que les gusta la playa en invierno. Es divertido porque puedes apreciar el mar y caminar sobre la arena. Pero el agua está muy fría. Entonces, no es buena idea meterse en el agua a nadar.

We have a very large beach near my city. We must walk about two hours by car to reach the beach. It's okay because we can go and return on the same day. It is fun to spend time on the beach. The temperature is a little warmer on the beach. Although, it is cold in the winter. I have friends who like the beach in winter. It is fun because you can appreciate the sea and walk on the sand. But the water is very cold. So it is not a good idea to get into the water to swim.

Y tú, ¿cómo es el clima en tu ciudad? ¿Cómo es en tu país? ¿Vives es un país cálido o frío?

Si vives en un país cálido, seguramente tienes buen clima todo el año. No debes preocuparte por el frío o la nieve. Si vives en un país frío, creo que debes tener cuidado con el invierno. Lo mejor de cada estación del año es que puedes hacer diferentes actividades. Cuando hay nieve, puedes hacer actividades del invierno. Por ejemplo, patinar sobe hielo es muy divertido.

And you, how is the weather in your city? How is it in your country? Do you live is a hot or cold country?
If you live in a warm country, you surely have good weather all year round. You don't have to worry about cold or snow. If you live in a cold country, I think you should be careful with winter. The best thing about each season of the year is that you can do different activities. When there is snow, you can do winter activities. For example, ice skating is a lot of fun.

La única época en donde no puedes hacer mucho es durante la época lluviosa. En esta época debes permanecer adentro. La lluvia no te permite hacer mucho. A menos que disfrutes correr bajo el agua, realmente no se puede hacer mucho cuando llueve fuerte. Estos días son para permanecer en casa, viendo televisión, o bien, leyendo un buen libro.

The only time you can't do much is during the rainy season. At this time you must stay inside. The rain doesn't allow you to do much. Unless you enjoy running underwater, you really can't do much in heavy rain. These days are to stay at home, watching television, or reading a good book.

Todos los países tienen un clima diferente. Por eso debes disfrutar el clima de tu país, o tu ciudad, al máximo. Seguramente conoces muchas actividades divertidas por hacer. Si algún día visito tu país, espero disfrutarlo de la misma manera que tú lo haces. Creo que eso será una linda experiencia para mí, y para todos.

All countries have a different climate. So you should enjoy the climate of your country, or your city, to the fullest. Surely you know many fun activities to do. If someday I visit your country, I hope to enjoy it in the same way that you do. I think that will be a nice experience for me, and everyone.

Resumen de la historia

El clima en mi ciudad no es cálido ni frío. El clima es templado. La temperatura se mantiene entre diez y veinte grados. Por lo regular, hace buen clima. Hay días soleados y algunos días nublados. Puedo hacer muchas actividades al aire libre especialmente durante el verano y el otoño.

En mi país, se observan las cuatro estaciones, invierno, primavera, verano y otoño. Mi estación favorita es el otoño. Disfruto el verano, pero no me gusta cuando hace mucho calor en el verano porque no puedo dormir en las noches. Lo mejor del verano y es ir a la playa que está cerca de mi ciudad.

En el invierno hace un poco de frío. También cae nieve, aunque no es mucha. Los niños son felices cuando hay nieve porque pueden jugar en sus casas o en la escuela. La nieve dura unos dos o tres días. Esto hace muy felices a los niños.

En la primavera llueve mucho. Esto es bueno para las plantas, pero no me gusta porque no puedo hacer muchas cosas al aire libre. Los días nublados y lluviosos son buenos para estar en casa, ver la televisión y leer un buen libro. Los días lluviosos y brumosos lucen muy tristes.

Summary of the Story

The weather in my city is neither hot nor cold. The weather is warm. The temperature usually stays between ten and twenty degrees. It usually has good weather. There are sunny days and some cloudy days. I can do many outdoor activities, especially during summer and fall.

In my country, the four seasons are can be seen—winter, spring, summer, and autumn. My favorite season is autumn. I enjoy summer, but I don't like it when it is very hot in the summer because I can't sleep at night. The best thing about summer is going to the beach that is close to my city.

In the winter, it is a bit cold. Snow also falls, although it is not much. Children are happy when there is snow because they can play at home or at school. The snow lasts about two or three days. This makes the children very happy.

In the spring, it rains a lot. This is good for plants, but I don't like it because I can't do many things outdoors. Cloudy and rainy days are good for being at home, watching TV, and reading a good book. Rainy and foggy days look very sad.

Vocabulary of the story

1.	preguntan	they ask
2.	clima	weather
3.	desean	wish
4.	cálido	warm
5.	frío	cold
6.	templado	temperate
7.	temperatura	temperature
8.	diez	ten
9.	veinte	twenty
10.	verano	summer
11.	rebasa	exceeds
12.	grados	degrees
13.	soleado	sunny
14. consecutivos		consecutive
15.	desesperante	maddening
16.	dormir	sleep
17.	otoño	autumn

18.	viento	wind
19.	nublados	overcast
20.	llueve	rains
21.	días lluvioso	rainy days
22.	taza de café	cup of coffee
23.	aire libre	fresh air
24.	correr	run
25.	bicicleta	bike
26.	estación	station
27.	invierno	winter
28.	debajo	under
29.	de hecho	in fact
30.	causa	cause
31.	tarda	it takes
32.	primavera	spring
33.	caracteriza	characterizes
34.	lluvia	rain
35.	florecer	to flourish
36.	plantas	plants
37.	césped	grass
38. el bosque	acampar en	camp in the woods
39.	optimismo	optimism

40.	tampoco	neither
41.	brumoso	misty
42.	andar	walk
43.	llegar	reach
44.	regresar	to return
45.	apreciar	to appreciate
46.	mar	sea
47.	arena	sand
48.	meterse	get in
49.	preocuparte	worry you
50. hielo	patinar sobe	ice skating
51.	a menos	unless
52.	permanecer	stay
53. buen libro	leyendo un	reading a good book
54.	máximo	maximum
55.	será	will be

Questions about the story / Preguntas

1. ¿Cómo es el clima de mi ciudad?

   a.   Ni frío, ni caliente

b. Extremadamente frío

c. Muy cálido en verano

d. No es muy cálidos

2. ¿Cuál es mi estación favorita?

a. La estación del tren

b. La estación de radio

c. El otoño

d. La primavera

3. ¿Por qué son malos los días lluviosos?

a. Porque se destruye la ciudad

b. Porque se compran autos

c. Porque no puedo comer nada

d. Porque no puedo salir a jugar

4. ¿Qué pasa en el invierno?

a. Los niños juegan afuera

b. Los adultos no trabajan

c. Hace frío y cae nieve

d. No hace calor ni lluvia

5. ¿Qué pasa con los niños cuando neva?

a. Los niños juegan afuera

b. Los adultos no trabajan

c. Hace frío y cae nieve

d. No hace calor ni lluvia

Answers / Soluciones

1. A

2. C

3. D

4. C

5. A

amigo

Chapter 7.   La Esposa De Mario – Mario's Wife

Mario se casó hace 10 años con Fernanda. Cuando Mario conoció a Fernanda, ella era una muchacha muy divertida, graciosa, y muy hermosa. A ella le gustaban los deportes y no fumaba. También, le encantaba estudiar y leer.

Mario married Fernanda 10 years ago. When Mario met Fernanda, she was a very funny, funny, and very beautiful girl. She liked sports and did not smoke. Also, he loved to study and read.

Fernanda era parte del equipo de vóleibol de su universidad. Mario la conoció allí. Mario tenía 26 años cuando él conoció a Fernanda. Él era también una persona muy estudiosa, pero a él no le gustaba hacer deporte. Todo es cambió cuando él se enamoró de Fernanda.

Fernanda was part of the volleyball team at her university. Mario met her there. Mario was 26 years old when he met Fernanda. He was also a very studious person, but he did not like playing sports. Everything is changed when he fell in love with Fernanda.

Mario quería impresionarla pero él sabía que no iba a lograr mucho si no empezaba a hacer un poco de ejercicio. Por ello, él empezó a ir al gimnasio que estaba dentro de la escuela. La escuela tenía un gimnasio muy grande pero pocas personas iban. Tal parecía que los estudiantes no tenían mucho tiempo para hacer deporte. De todas maneras, Mario empezó a ir y empezó a ponerse en forma.

Mario wanted to impress her but he knew he wasn't going to accomplish much if he didn't start exercising a little. So he started going to the gym that was inside the school. The school had a very large gym, but few people attended. It seemed that the students did not have much time to play sports. Anyway, Mario started going and started to get in shape.

Al principio, Fernanda no sabía que Mario siquiera existiera, pero con el pasar del tiempo, ella empezó a notarlo. Claro, a veces era difícil para Mario ir al gimnasio todos los días debido a que tenía que estudiar para sus exámenes, pero él iba cada vez que él podía. Un día, mientras él estaba descansando, Fernando se acercó a él y empezó a conversar con él. Mario no podía creerlo, ¡Fernanda estaba conversando con él!

At first, Fernanda did not know that Mario even existed, but with time, she began to notice it. Sure, sometimes it was difficult for Mario to go to the gym every day because he had to study for his exams, but he went whenever he could. One day, while he was resting, Fernando approached him and started talking to him. Mario couldn't believe it, Fernanda was talking to him!

Ellos siguieron conversando muchas veces después de esa ocasión. Poco a poco, ellos se dieron cuenta que ellos tenían mucho en común. Fernanda empezó a enamorarse de él y Mario también. Después de su graduación, Fernanda decidió viajar fuera del país por unos meses para trabajar mientras que Mario se quedó estudiando lo que restaba de su carrera.

They continued talking many times after that occasion. Little by little, they realized that they had a lot in common. Fernanda began to fall in love with him and Mario too. After graduation, Fernanda decided to travel outside the country for a few months to work while Mario stayed studying for the rest of his career.

Cuando Fernanda volvió, Mario decidió proponerle matrimonio. Después de dos años y medio de ser pareja, ellos finalmente estaban comprometidos. Fernanda aceptó y poco después ellos se casaron.

When Fernanda returned, Mario decided to propose to her. After two and a half years of being a couple, they were finally engaged. Fernanda accepted and soon after they married.

Mario aprendió mucho de Fernanda. Por ejemplo, él aprendió a hacer deporte de la manera correcta. Él también aprendió que no todo en la vida es estudiar y trabajar. A Mario le gustaba que Fernanda sea muy divertida y a Fernanda le gustaba que Mario supiera escuchar.

Mario learned a lot from Fernanda. For example, he learned to play sports the right way. He also learned that not everything in life is studying and working. Mario liked that Fernanda was very funny and Fernanda liked that Mario knew how to listen.

Fernanda también aprendió mucho de Mario. Fernanda aprendió a siempre mantener las promesas. Ella también aprendió a ser más puntual y responsable.

Fernanda also learned a lot from Mario. Fernanda always learned to keep promises. She also learned to be more punctual and responsible.

Después de 10 años, ellos están muy contentos. Ahora, ellos están esperando a su primer hijo. Así es, Fernanda está embarazada. Ellos aún no han decidido que nombre ponerle, pero están seguros que ellos estarán muy contentos cuando su hijo nazca.

After 10 years, they are very happy. Now they are expecting their first child. That's right, Fernanda is pregnant. They have not yet decided what name to give it, but they are sure that they will be very happy when their child is born.

Resumen de la historia

Mario y Fernando se casaron hace 10 años. Ellos se conocieron en la universidad mientras ambos estudiaban allí. Fernanda era un poco diferente a Mario en lo que tenía ver con los deportes, así que Mario empezó a hacer ejercicio para poder impresionarla.

Mario y Fernanda empezaron a conversar y poco a poco, ellos se enamoraron. Ellos fueron una pareja por muchos años. Después de que Fernanda regresara de viaje, Mario le propuso matrimonio y ella aceptó. Ahora, después de 10 años, ambos han aprendido mucho el uno del otro. También ellos están esperando a su primer hijo.

Summary of the story

Mario and Fernando were married 10 years ago. They met at the university while they both studied there. Fernanda was a little different from Mario when it came to sports, so Mario started exercising to impress her.

Mario and Fernanda began to talk and little by little, they fell in love. They were a couple for many years. After Fernanda returned from the trip, Mario proposed to her and she accepted. Now, after 10 years, both have learned a lot from each other. They are also waiting for their first child.

Años - years	leer - read
Conoció - know	equipo - team
deportes - sports	vóleibol - volleyball
fumaba - smoked	universidad - university
estudiar - study	gimnasio - gym

ir - go

ponerse en forma - get in shape

creerlo - believe it

aprendió - learned

divertida - funny

siempre - always

embarazada - pregnant

Exercise

Questions about the story / Preguntas

1. ¿Quiénes se casaron hace 10 años?

2. ¿Cómo era Fernanda?

3. ¿Qué hizo Mario para impresionar a Fernanda?

4. ¿Qué estaba haciendo Mario cuando Fernanda se acercó a conversar con él?

5. ¿Qué hizo Mario cuándo Fernanda regresó de viaje?

6. ¿Qué aprendió Mario de Fernanda?

7. ¿Qué aprendió Fernanda de Mario?

Answers / Soluciones

1. Fernanda y Mario se casaron hace 10 años

2. Fernanda era una muchacha muy divertida, graciosa, y muy hermosa.

3. Mario empezó a hacer ejercicio y a ir al gimnasio para impresionar a Fernanda

4. Mario estaba conversando con Fernanda cuando ella se acercó a conversar con él

5. Mario le propuso matrimonio cuando Fernanda regresó de viaje

6. Mario aprendió a hacer deporte de la manera correcta. Él también aprendió que no todo en la vida es estudiar y trabajar.

7. Fernanda aprendió a siempre mantener las promesas. Ella también aprendió a ser más puntual y responsable.

Chapter 8. La rana que contó historias fantásticas (The Frog That Told Fanciful Tales)

Había una vez una rana que contaba historias de fantasía.

Le dijo al granjero que si la vaca comía chocolate, produciría leche con chocolate. Le dijo a la esposa del granjero que si ella ponía los huevos en el hielo, se harían más grandes. También le dijo al gallo que cada uno aprendería a levantarse temprano por su cuenta.

Por supuesto, la rana mintió y se rio de la miseria que causó.

Once upon a time there was a frog that told imaginative stories. It told the farmer that if the cow had eaten chocolate, she would produce chocolate milk. It told the farmer's wife that laying eggs in the ice would make bigger eggs. It also told the rooster that everyone would learn to wake up early on their own. Of course, the frog lied and was happy with the problems that it caused.

Un día, un halcón llegó y empezó a cazar a la rana para comerla, luego la rana le pidió ayuda al gallo, al granjero y a su esposa, pero no quisieron salvarla.

Así que al final, el halcón atrapó a la rana y se la comió, y ese fue el precio a pagar por mentir y contar historias de fantasía.

One day a hawk came and it hunted the frog. Then the frog asked help from the rooster, the farmer and the farmer's wife, but they didn't want to help. So, the hawk caught the frog and ate it. That was the price the frog paid for telling lies.

Resumen de la historia

Esta historia es sobre una rana que vivía en una granja con el granjero y los otros animales. Sin embargo, le encantaba decirle mentiras a todo el mundo y la rana incluso disfrutaba de las travesuras que estaba causando.

Pero un día un halcón vino a la granja en busca de comida. Encontró a la rana.

La rana pidió ayuda a las mismas personas y animales a los que engañó. Pero no le creían y no querían ayudarla por lo que habia hecho.

Al final, la rana se convirtió en la comida del halcón porque no había nadie que la ayudara.

Summary of the story

This story is about a frog that told lies. It lived in a farm with the farmer and the other animals. However, it loved to tell lies to everyone and enjoyed the problems that it was causing.

Then one day a hawk came to the farm in search of a meal. It found the frog. In his panic, the frog asked help from the people and animals that he teased. But they didn't believe him and didn't want to help him, so the Hawk ate the Frog.

Vocabulary of the story

Había una vez: once upon a time there was

una rana: a frog

que: that

contaba: told

historias de fantasía: fanciful stories

Le dijo: it said

al granjero: the farmer

que: that

si: if

la vaca: the cow

comía: ate

chocolate: chocolate

produciría: it would produce

leche con chocolate: chocolate milk

Le dijo: it said

a la esposa del granjero: the farmer's wife

que: that

si: if

ella ponía: she put

los huevos: the eggs

en el hielo: on the ice

se harían: they would get

más grandes: bigger

También: also

le dijo: it said

al gallo: the rooster

que: that

cada uno: everyone

aprendería: would learn

a levantarse: to get up

temprano: early

por su cuenta: on their own

Por supuesto: of course

la rana: the frog

mintió: lied

y se rio: and laughed

de la miseria: at the misery

que causó: that it caused

Un día: one day

un halcón: a hawk

llegó: came

y empezó: and started

a cazar: hunting

a la rana: the frog

para comerla: to eat it

luego: then

la rana: the frog

le pidió ayuda: asked for help

al gallo: the rooster

al granjero: the farmer

y a su esposa: and his wife

pero: but

no quisieron: they did not want to

salvarla: save it

Así: so

que al final: in the end

el halcón: the hawk

atrapó: caugh

a la rana: the frog

y se la comió: and ate it

y ese fue: and that was

el precio: the price

a pagar: to pay

por mentir: for lying

y contar: and telling

historias de fantasia: fantasy stories

Exercise

Questions about the story / Preguntas

1. ¿Dónde vivía la rana?

a) Una granja.

b) Vivía en un castillo.

c) Vivía en una casa junto al lago.

2. ¿A quién le había mentido la rana?

a) A la vaca, al criador y al gallo.

b) Al agricultor, a su esposa y al gallo.

c) La esposa del agricultor, el gallo y la vaca.

3. ¿A la rana le gustaban todas las cosas malas que hacía?

a) No, era infeliz.

b) Sí, le gustaba mentir y hacer sufrir a la gente.

4. ¿Cuál fue el efecto en la rana de mentirle a todo el mundo?

a) Se ha enriquecido.

b) Fue capturada por el halcón porque nadie la ayudó.

c) Se ha convertido en la mejor amiga del halcón.

Answers / Soluciones

1. A

2. B

3. B

4. B

Chapter 9.   Comprando un auto nuevo

Para muchas personas, comprar un auto nuevo es un sueño hecho realidad. Existen personas que pasan mucho tiempo trabajando y ahorrando su dinero para comprar el auto de sus sueños. En algunos casos, estos autos son costosos. Por eso es que deben ahorrar por mucho tiempo. En otros casos, un préstamo por el valor del auto ayuda a comprarlo. Pero, se debe pagar las cuotas del auto mes a mes. Entonces, es igualmente necesario contar con dinero para pagar el auto.

For many people, buying a new car is a dream come true. Some people spend a lot of time working and saving their money to buy the car of their dreams. In some cases, these cars are expensive. That is why they must save for a long time. In other cases, a loan for the value of the car helps to buy it. But, the car installments must be paid month by month. So it is equally necessary to have money to pay for the car.

Algunas personas sueñan con un auto de lujo. Este tipo de auto cuenta con muchas características especiales como asientos de cuero, equipo electrónico, transmisión automática y un estéreo de potente. Estos autos son ideales para la ciudad ya que son cómodos especialmente cuando hay mucho tráfico. Además, estos autos cuentan con bastante espacio para llevar a varias personas.

Some people dream of a luxury car. This type of car has many special features like leather seats, electronic equipment, automatic transmission, and a powerful stereo. These cars are ideal for the city as they are comfortable especially when there is a lot of traffic. Also, these cars have enough space to carry several people.

Otras personas sueñan con un auto deportivo. Este tipo de auto es rápido y pequeño. Cuenta con un motor potente que puede alcanzar velocidades muy altas. Es ideal para conducirlo en autopista o en carreteras libres de límite de velocidad. Estos autos usualmente son de dos plazas, es decir, solamente dos personas pueden ir dentro del auto. También cuentan con transmisión automática, o bien manual, según la preferencia del conductor.

Other people dream of a sports car. This type of car is fast and small. It has a powerful engine that can reach very high speeds. It is ideal for driving on the highway or roads free of speed limits. These cars are usually two-seater, that is, only two people can go inside the car. They also have automatic or manual transmission, depending on the preference of the driver.

También existe un tipo de auto conocido como "camioneta". Este tipo de auto sirve para transportar personas y su equipaje especialmente cuando se hacen viajes largos. Estos son autos grandes, con un motor fuerte, y con mucho espacio. Son muy cómodos y son útiles tanto en la ciudad como en carretera libre. Esta clase autos permite una experiencia más cómoda sobre todo cuando se hacen viajes largos.

There is also a type of car known as a "truck." This type of car serves to transport people and their luggage especially when making long trips. These are big cars, with a strong engine, and plenty of room. They are very comfortable and useful both in the city and on free roads. This class of cars allows a more comfortable experience especially when taking long trips.

Luego, existe otro tipo de auto conocido como "pick-up". Este tipo de auto sirve para trabajo. Usualmente, tiene dos plazas ya que la parte trasera está abierta. Entonces, la parte trasera sirve para colocar objetos de carga como muebles, cajas, materiales para el hogar, o cualquier otro objeto grande. Estos autos son muy útiles para personas que normalmente cargan cosas de un lado hacia otro.

Then there is another type of car known as a "pick-up". This type of car is for work. Usually, it has two seats since the back is open. Then, the back is used to place cargo objects such as furniture, boxes, household materials, or any other large object. These cars are very useful for people who normally carry things from one side to the other.

En definitiva, comprar un auto es muy útil para el transporte personal y de la familia. Algunas personas usan su auto para ir a su trabajo. Otras personas lo usan para los fines de semana. Algunas otras personas usan su auto como pasatiempo. Por ejemplo, hay personas que disfrutan las competencias de autos.

In short, buying a car is very useful for personal and family transportation. Some people use their cars to go to work. Other people use it for the weekends. Some other people use their cars as a hobby. For example, there are people who enjoy car racing.

Pero para las personas que compran y venden autos, esto se convierte en un negocio. Una concesionaria es una empresa en donde se venden autos de todo tipo. En general, una concesionaria trabaja con una marca específica de auto. Aunque hay algunas concesionarias que trabajan todo tipo de autos y de cualquier marca. En una empresa de estas, una persona puede encontrar su auto ideal y a un buen precio.

But for people who buy and sell cars, this becomes a business. A dealership is a company where cars of all kinds are sold. In general, a dealership works with a specific brand of car. Although some dealerships work all kinds of cars and any brand. In such a company, a person can find his ideal car and at a good price.

Las personas también pueden vender su auto de manera independiente. Esto se conoce como una venta privada. En una venta privada, una persona decide vender su auto a una persona interesada en comprarlo. Estas dos personas se ponen de acuerdo en el precio, y listo, se vende el auto.

People can also sell their cars independently. This is known as a private sale. In a private sale, a person decides to sell their car to someone interested in buying it. These two people agree on the price, and voila, the car is sold.

Una práctica común en este caso es llevar el auto con un mecánico. El mecánico tiene herramientas para revisar el auto. Con esto, se sabe si el auto está en buenas condiciones o si necesita reparaciones. Por eso, la opinión de un buen mecánico es importante antes de comprar un auto usado.

A common practice, in this case, is to take the car with a mechanic. The mechanic has tools to check the car. With this, it is known if the car is in good condition or if it needs repairs. This is why the opinion of a good mechanic is important before buying a used car.

En general, comprar un auto es un sueño para muchas personas. Lo importante es saber si el auto está en buen estado sobre todo si es un auto usado. Entonces, es buena idea investigar un auto previo a comprarlo. De lo contrario, comprar un auto en mal estado puede resultar en una mala experiencia.

In general, buying a car is a dream for many people. The important thing is to know if the car is in good condition, especially if it is a used car. So it's a good idea to research a car before buying it. Otherwise, buying a bad car can be a bad experience.

Resumen de la historia

Comprar un auto es un sueño para muchas personas. Algunas personas ahorran su dinero mucho tiempo para comprar el auto de sus sueños. Otras personas obtienen un préstamo para comprar el auto que desean.

Existen diferentes tipos de autos. Por ejemplo, existen autos de lujo, deportivos, camionetas y "pick-ups". El tipo de auto que una persona comprar depende del uso. Las personas que viven en la ciudad usualmente compran un auto de lujo. Las personas que disfrutan la velocidad compran un auto deportivo. Las personas que hacen viajes largos compran una camioneta. Las personas que usan un auto para su trabajo pueden comprar un "pick-up".

Siempre es buena idea revisar un auto usado con un mecánico. Si el auto está en buenas condiciones, es una buena compra. Pero si el auto está en malas condiciones, éste podría ser una mala compra. Por eso es importante la opinión de un buen mecánico antes de comprar un auto usado.

Summary of the story

Buying a car is a dream for many people. Some people save their money for a long time to buy the car of their dreams. Other people get a loan to buy the car they want.

There are different types of cars. For example, there are luxury cars, sports cars, SUVs, and pick-ups. The type of car a person buys depends on the use. People who live in the city usually buy a luxury car. People who enjoy racing buy a sports car. People who make long trips buy an SUV. People who use a car for work can buy a pick-up.

It is always a good idea to check a used car with a mechanic. If the car is in good condition, it is a good purchase. But if the car is in bad condition, this could be a bad purchase. That is why the opinion of a good mechanic is important before buying a used car.

Vocabulary of the story

1.personas - people

2. comprar - to buy

3.auto - car

4.sueño - dream

5.realidad - reality

6.trabajando - working

7.ahorrando - saving

8.dinero - money

9.costosos - expensive

10.ahorrar - save money

11.préstamo - loan

12.ayuda - help

13. comprarlo - buy

14.pagar - pay

15.cuotas - dues

16.mes - month

17.entonces - so

18.igualmente - equally

19.necesario - necessary

20.contar - tell

21.lujo - luxury

22.características - characteristics

23.especiales - specials

24.asientos - seating

25.cuero - leather

26.equipo electrónico - electronic equipment

27.transmisión - transmission

28.automática - automatic

29.estéreo - stereo

30.ciudad - city

31.cómodos - comfortable

32.tráfico - traffic

33.bastante - quite

34.espacio - space

35.auto deportivo - sports car

36.rápido - quick

37.pequeño - small

38.motor - engine

39.velocidades - speeds

40.altas - high

41.conducirlo - drive it

42.autopista - freeway

43.carreteras - roads

44.límite - limit

45.usualmente - usually

46.plazas - plazas

47.cuentan - they count

48.manual - manual

49.preferencia - preference

50.conductor - driver

51.camioneta - van

52.transportar - transport

53.equipaje - luggage

54.viajes - travels

55.grandes - big

56.fuerte - strong

57.útiles - tools

58.experiencia - experience

59.pick-up - pick-up

60.trasera - rear

61.abierta - open

62.colocar - place

63.objetos - objects

64.carga - load

65.muebles - furniture

66.caja - boxes

67.materiales - materials

68.normalmente - usually

69.lado - side

70.hacia - toward

71.en definitiva - definitely

72.familia - family

73.fines de semana - weekends

74.pasatiempo - hobby

75. competencias - competitions

76.convierte - converts

77.negocio - deal

78.concesionaria - dealership

79.empresa - company

80.venden - do you sell

81.marca - brand

82.cualquier - any

83.ideal - ideal

84.buen - good

85.precio - price

86.independiente - independent

87.venta privada - private sale

88.decide - decide

89. comprarlo - buy

90.mecánico - mechanic

91.herramientas - tools

92.revisar - check

93.condiciones - terms

94.reparaciones - repairs

95.auto usado - used car

96.en general - in general

97.estado - state

98.investigar - research

99.de lo contrario - on the contrary

100.mal estado - disrepair

101.mala experiencia - bad experience

Questions about the story / Preguntas

1. ¿Qué es comprar un auto para muchas personas?

a.Una idea

b.Un sueño

c.Un concepto

d.Una necesidad

2. ¿Qué necesitas para comprar un auto?

a. Comida

b.Trabajo

c.Dinero

d.Poder

3. ¿Dónde puedes comprar un auto?

a.En una tienda

b.En el centro comercial

c.En el trabajo

d.En una concesionaria

4. ¿Cómo puedes comprar un auto?

a.Con un préstamo

b.Con tus ideas

c.Con un tiempo

d.Con el trabajo

5. ¿Qué hace el mecánico?

a.Trabaja duro

b.Es un amigo

c.Revisa el auto

d.Hace trabajo

Answers / Soluciones

1.B

2.C

3.D

4.A

5.C

Chapter 10. El Día Del Examen

Francisco miró a Luisa y le sonrió con nervios. El día que ellos tanto habían temido finalmente se había hecho presente.

Francisco looked at Luisa and smiled nervously at her. The day they had so feared was finally present.

"Estamos a pocos minutos de nuestro último examen del semestre, no me imaginé que nos sentiríamos así", dijo Francisco secándose la frente. No hallaba qué hacer. El semestre dependía casi completamente de este examen venidero.

"Siento que no sé nada ¿tú tendrás alguna idea de lo que va a aparecer en esa evaluación?".

Luisa hizo un gesto de preocupación.

"We are a few minutes from our last exam of the semester, I did not imagine that we would feel this way," said Francisco, wiping his forehead. I couldn't find what to do. The semester depended almost entirely on this upcoming exam.

"I feel like I don't know anything, will you have any idea what will appear in that evaluation?"

Luisa made a worried gesture.

"Ojalá fuera así", dijo. "Me encantaría tener algo de certeza, algo que nos pudiera llenar de seguridad. Pero creo que nosotros no somos los únicos sintiéndonos así, de todas maneras", agregó. Señaló a los otros estudiantes que esperaban en el gran salón que sería destinado para el examen. Había muchas caras atemorizadas, algunos con caras peores que Luisa y Francisco.

I wish it were like that," he said. "I would love to have some certainty, something that could fill us with security. But I think we are not the only ones feeling this way, any way, "he added. He indicated to the other students waiting in the great room that he would be assigned to the exam. There were many frightened faces, some with worse faces than Luisa and Francisco.

"Ninguno acá tiene idea de lo que se viene, realmente, ¡y todo depende de lo que ocurra esta tarde!".

Los dos habían dedicado las últimas dos semanas a estudiar, descansando solo unos pocos momentos para almorzar o cenar

aun así, no parecía haber sido suficiente. La asignatura que ambos estudiaban era sumamente difícil. Otros de sus compañeros ya se habían rendido y planeaban inscribirla nuevamente el siguiente semestre. Muchos otros decidieron estudiar a medias, sintiendo pocas esperanzas.

"No one here has any idea what is coming, really, and it all depends on what happens this afternoon!"
The two of them had spent the past two weeks studying, taking just a few moments to eat lunch or dinner
Still, it didn't seem to have been enough. The subject they were both studying was extremely difficult. Others of her classmates had already given up and planned to enroll her again the following semester. Many others decided to study halfheartedly, feeling little hope.

Pero este no era el caso de Luisa y Francisco.

"¿No hay chance de copiarnos?", pensó Francisco en voz alta. Luisa lo miró con cara de pocos amigos.

"¿Qué te sucede? ¿Estás loco?".

Otras personas habían intentado copiarse con el profesor Hernández y habían recibido un castigo ejemplar cuando este los atrapó. No había segunda ni tercera oportunidad si eras atrapado

Hernández se aseguraba de que pagaras el precio.

But this was not the case for Luisa and Francisco.
Isn't there a chance to copy us? Francisco thought out loud. Luisa looked at him with the face of a few friends.
"What happens? Are you crazy?".
Other people had tried to copy themselves with Professor Hernández and had received exemplary punishment when he caught them. There was no second or third chance if you were caught
Hernández made sure you paid the price.

"Algo. Bueno, a ver, ¿recuerdas todo lo que explicó en clase? Hay algunas cosas que no me vienen a la mente ahora. Temas cuyo contenido he olvidado".

"Sí, Fran. ¿Qué necesitas?".

El joven abrió su cuaderno y comenzó a ojearlo. Había una clase que no había copiado bien en su cuaderno y esto le causó una confusión al estudiar.

"Something. Well, let's see, do you remember everything he explained in class? Some things don't come to mind now. Topics whose content I have forgotten ".
Yes, Fran. What do you need?".
The young man opened his notebook and began to leaf through it. There was a class that he had not copied well in his notebook and this caused him confusion when studying.

"¿Tu cuaderno habla sobre la actividad biológica? El mío no. No copié bien eso".

Luisa miró su propio cuaderno.

"¿Con qué te ayudo?".

Francisco se encogió de hombros.

"Yo creo que lo mejor es que me digas todo lo que sabes".

En ese momento, el profesor entró al salón. Todos los estudiantes comenzaron a convertir sus conversaciones en susurros y luego en silencio. Hernández miró a su alrededor a sus estudiantes, cuyas miradas lo seguían con interés.

Luisa looked at her notebook.
"May I help you with something?".
Francisco shrugged his shoulders.
"I think the best thing is for you to tell me everything you know."
At that moment, the teacher entered the room. All the students began to convert their conversations into whispers and then silence. Hernández looked around at his students, whose eyes followed him with interest.

"Bueno, ¿qué esperan? ¡Busquen asientos para sentarse y presentar el examen!".

La orden del profesor, la cual no hacía falta repetir, los hizo correr a todos a buscar dónde sentarse. Francisco se aseguró de sentarse justo detrás de su amiga Luisa. Ella parecía tener alguna idea de lo que él no sabía y, aun si no podían comunicarse entre sí, él podría asomarse para mirar su examen.

"Estaré pasando los exámenes a cada fila

son dos páginas y una hoja en blanco para resolver. ¿Tienen alguna pregunta? Háganlas todas ahora".

"Well, what are you waiting for? Find seats to sit and take the test! "
The teacher's order, which need not be repeated, made them all run to find a place to sit. Francisco made sure to sit right behind his friend Luisa. She seemed to have some idea of what he didn't know and, even if they couldn't communicate with each other, he could peek over to look at his exam.
"I will be passing the exams to each row
it is two pages and a blank sheet to solve. Do you have any questions? Do them all now. "

Comenzó el examen

todos se concentraron en las hojas delante de ellos. Nadie miraba a su alrededor y todos tenían en mente la presión que existía en ese momento.

Francisco miró a Luisa: ya ella estaba escribiendo algunas respuestas. Miró al profesor: este lo miró de vuelta y lo obligó a pretender que estaba respondiendo.

Pero fue ahí, cuando Francisco miró su examen y empezó a leerlo, que notó algo.

¡No era tan difícil como había imaginado! Sus dedos comenzaron a mover el lápiz, rápidamente contestando cada pregunta como si todo esto que tenía enfrente era lo más fácil del mundo. Escribía, contestaba y seleccionaba respuesta por respuesta, tardando solo un segundo en cada pregunta. Cuando se dio cuenta, ya iba por la segunda página, donde las respuestas se hacían más complejas.

he looked back at him and forced him to pretend he was answering.

But it was there when Francisco looked at his exam and began to read it, that he noticed something.

It wasn't as difficult as I had imagined! Her fingers began to move the pencil, quickly answering each question as if all this in front of her was the easiest thing in the world. I wrote, answered, and selected answers for answers, taking only one second for each question. When he realized it, he was already on the second page, where the answers became more complex.

Aun con esta nueva dificultad, Francisco logró llegar a la última pregunta.

"Un momento", susurró con preocupación. La pregunta era algo que justamente no recordaba.

"A su juicio", decía la pregunta, "¿cuáles son los factores para mejorar la actividad biológica? Explique".

"Demonios", dijo. Trató de mirar el examen de Luisa, pero no lograba verlo. Vio a sus compañeros

ninguno iba a ayudarlo. Solo era él contra el mundo. "Aquí vamos", suspiró, y comenzó a escribir.

Media hora después, el profesor Hernández indicó que todos entregaran sus exámenes. Francisco estuvo entre los primeros en levantarse y entregó el suyo.

Even with this new difficulty, Francisco managed to get to the last question.

"One moment," he whispered with concern. The question was something he just didn't remember.

"In your opinion," said the question, "what are the factors to improve biological activity? Explain. "

Hell, he said. He tried to look at Luisa's exam, but couldn't see it. He saw his companions neither was going to help him. It was just him against the world. "Here we go," he sighed and began to write.

Half an hour later, Professor Hernández indicated that everyone turns in their exams. Francisco was among the first to get up and gave his own.

Luisa salió un momento después y lo miró.

"¿Qué tal te fue? ¿Pudiste responderlas?".

Francisco sonrió.

"Lo recordé todo

al último momento me regresó todo a la mente. Luisa… ¡hemos pasado!".

Los dos se abrazaron y saltaron, celebrando su gran victoria. Habían pasado el semestre, a pesar de todas las circunstancias y dudas. Su carrera, llena de tantas trabas y pruebas tan difíciles, ya casi se acercaba a su fin. Ambos estaban alegres y aliviados.

Y, ¿lo mejor de todo? Habían aprendido una lección: ¡jamás rendirse! Siempre hay una solución a todo lo que se venga.

Luisa came out a moment later and looked at him.
"How was it? Could you answer them? ”
Francisco smiled.
"I remembered everything
at the last moment everything came back to my mind. Luisa… we have passed! ”.
The two hugged and jumped, celebrating their great victory. They had passed the semester, despite all the circumstances and doubts. His career, full of so many obstacles and difficult tests, was almost nearing its end. They were both happy and relieved.
And the best of all? They had learned a lesson: never give up! There is always a solution to everything that comes.

Resumen de la historia

Francisco y Luisa están sumamente preocupados: tendrán su último examen del semestre en unos minutos. Él recuerda que le falta algo por estudiar, pero ya es muy tarde y el profesor llega para comenzar el examen. Al mirar la prueba, Francisco se da cuenta de que no era tan difícil como había pensado y puede responder todo lo que se le presenta. Cuando alcanza la pregunta que no había estudiado bien, se asusta, pero logra recordar y finaliza su examen. Los dos estudiantes celebran al salir, sabiendo que ya pasaron el semestre.

Summary of the story

Francisco and Luisa are truly worried: they're having their final exam of the semester within a few minutes. He remembers that he's forgotten to study something, but it's too late and the teacher arrives to begin the test. When he starts looking at it, Francisco realizes that the exam isn't as difficult as he'd thought, and he manages to answer everything in front of him quite well. When he reaches the question he hadn't studied well, he gets scared, but manages to remember and finishes his test. The two students celebrate once they're out of the classroom, fully aware that they've passed their semester.

Vocabulary of the story

le sonrió con nervios: smiled at her nervously

ellos: them

temido: feared

se: it

hecho presente: had come

pocos: few

semestre: semester

nos sentiríamos: we'd feel

hallaba: find

dependía: depended

venidero: upcoming

tú: you

lo: it

evaluación: evaluation

ojalá fuera así: I wish it were so

algo: a little

certeza: certainty

seguridad: security

somos: we are

de todas maneras: anyway

señaló: signaled

otros estudiantes: other students

destinado: destined

caras atemorizadas: fearful faces

algunos: some

ninguno: none

realmente: truly

todo: everything

dedicado: dedicated

últimas: last ones (feminine)

pocos: few (plural form)

ambos: both

sumamente difícil: very difficult

compañeros: classmates

rendido: given up

planeaban: planned (plural)

nuevamente: again

muchos otros: many others (plural form)

a medias: halfway

pocas esperanzas: little hope

este: this

copiarnos: copy from each other

pensó: thought

en voz alta: out loud

intentado: tried

castigo ejemplar: exemplary punishment

segunda oportunidad: second chance (feminine)

tercera oportunidad: third chance (feminine)

aseguraba: ensured

pagarás el precio: you'd pay the price

no me vienen a la mente: do not come to my mind

cuyo: which

cuaderno: notebook

ojearlo: eye it

confusión: confusion

actividad biológica: biological activity

el mío: mine

no copié: I didn't write

se encogió de hombros: shrugged

lo mejor: the best

todos: all of them

convertir: turned

conversaciones: conversations

susurros: whispers

con interés: with interest

presentar el examen: take the exam

no hacía falta repetir: didn't need to be repeated

asomarse: peek

pasando: passing

fila: row

resolver: solve problems

háganlas: do them (feminine)

en voz baja: in a low voice

inscripciones: enrollment

pequeña carcajada: small laugh

cállate: shut up

con maldad: evilly

arranque: start-up

absorbió: absorbed

concentraron: concentrated (plural)

delante de: in front of

presión: pressure

escribiendo: writing

obligó a pretender: forced him to pretend

notó: realized

había imaginado: had imagined

un segundo: one second

segunda página: second page

nueva dificultad: new level of difficulty

preocupación: worry

a su juicio: in your opinion

cuáles: which

factores: factors

demonios: dammit

él contra el mundo: him against the world

media hora: half an hour

levantarse: stand up

entregó: handed in

responderlas: answer them (feminine)

al último momento: at the last moment

hemos pasado: we've passed

saltaron: jumped (plural)

celebrando: celebrating

circunstancias: circumstances

dudas: doubts

trabas: barriers

aliviados: relieved

lección: lesson

jamás rendirse: never give up

Exercises

Questions about the story / Preguntas

1) ¿Dónde se llevó a cabo el examen?

a) Auditorio

b) Jardín

c) Pequeño salón

d) Gran salón

2) ¿Cómo se llamaba el profesor?

a) Fernández

b) Hernández

c) Pérez

d) López

3) ¿Cuántas oportunidades daba el profesor si agarraba a un estudiante copiándose?

a) Cero

b) Tres

c) Una

d) Dos

4) ¿Cuál era el tema que Francisco no se sabía?

a) Reacciones químicas

b) Actividades físicas

c) Velocidad de reproducción

d) Actividad biológica

5) ¿Qué lección principal aprendieron los dos estudiantes?

a) No copiarse nunca

b) Estudiar más

c) No tener miedo

d) No rendirse

Answers / Soluciones

1) D

2) B

3) A

4) D

5) D

Chapter 11.   Un Poco De Dinero - A Little Bit of Money

Paco emocionado con la idea de ir al cine, se le acerca a su madre y le dice: "Mamá ¿Me darías algo de dinero? Ella mirándolo detenidamente con intriga le pregunta: "¿Y para qué quieres el dinero Paco? ¿Qué planeas hacer con él?"

Paco, excited about the idea of going to the movies, approached his mother and told her: "Mom, could you give me some money?" So, her mother starring at him carefully with intrigue, asked him: "and what do you need that money for Paco? What are you planning to do with it?"

Paco mirando al piso, y de vez en cuando a su madre, le dice con un tono de voz sumiso "Bueno, veras, hay un nuevo estreno de una película super genial, la he estado esperando por meses, y tengo muchas ganas de ir."

Paco, staring at the floor, and from time to time to his mother, told her with a submissive voice "well, mom, as you can see, there is a new movie at the cinema, the movie is super cool, so, I have been waiting for it for months, and I want to go so badly.

Su madre, algo enfadada le dice mirándole a los ojos: "! ¡No! No vas a ir, más bien, debería darte muchísima vergüenza pedirme dinero para ir a ver una película al cine, cuando tienes labores que hacer."

His mother, somewhat angry tells him as she looks him in the eyes "No! You are going nowhere, what's more, you should be really ashamed of asking me money in order to go watch a movie when you have chores to do.

A lo que Paco replicó con un simple "¡Pero, mamá!".

Su madre mirándolo fijamente le replicó "Pero nada, son tus responsabilidades y tienes que hacerte cargo."

"Además no olvides tus otras labores, como que Rocky, tu perro necesita comida, y hay que comprarle."

"Puedo comprarlo de regreso del cine y alimentar a Rocky al llegar, que dices, mamá?" argumentó a su madre.

"Y no olvides que tienes que estudiar para tu examen, no quiero que repruebes por andar viendo una película."

Paco, con una sonrisa pícara le dijo a su madre, que tenía un rostro más amable "Pero mamá, yo ya he estudiado, y me sé todo de cabo a rabo. Te lo puedo demostrar".

So, he replied, "but, Mom!"

Her mother, starring at him told him "but nothing, you have responsibilities and you have to be responsible. Besides, don't forget about your other obligations, for example, Rocky, your dog, needs food, it must be bought.

"I can buy it on my way back home from the theater and feed him when I'm back, what do you think, mom?" he told his mom.

"And you have to study for your exam, I don't want you to fail your exam because you were watching a movie." Explained his mother.

Paco, with a cunning smile, told her mother, who had a kind countenance "but mom, I have already studied, and I know everything from beginning to end, I can demonstrate it to you."

Paco, ve por mi cartera a mi habitación, está en el closet frente al espejo." Le ordeno su madre, a lo que Paco, con una gran sonrisa en la cara, fue corriendo a la habitación saltando en las escaleras, desbordando felicidad y alegría, pensando que su madre había aceptado darle dinero para complacerlo.

"Mamita linda, aquí tienes, tu cartera tal como me lo pediste ¿Viste que no me tardé nada?" le decía a su madre sin parar de sonreír en ningún momento.

"Lo sé, Paco, lo sé, se ve que eres interesado, si no fuese para ti, ni hubieses ido, o te hubieses tardado. Pero, bueno, aquí tienes.". Le decía su madre mientras sacaba el dinero de su cartera.

"Pero mamá, esto a duras penas alcanza para la comida de Rocky y el pasaje, ¿Cómo veré la película, no me alcanza?" dijo Paco con una voz de decepción.

"Paco, go and fetch my purse to my room, it's in the closet, in front of the mirror." His mother ordered him, so, Paco, with a great smile on his face, went running to the room, leaping on the stairs, bursting joy, thinking about his mother accepting to give him money to please him. "Dear mom, here you are, your purse, just as you asked me. Do you see? It

didn´t take me much time" he told his mother without stopping smiling. "I know, Paco, you are so self-interested. If it wasn't for you, you wouldn't even had gone for it, or you would have taken a lot of time. Well, here you are." Said his mother.

"Mom, this is hardly enough for Rocky's food and transportation, how am I supposed to watch the movie, it's not enough." Said he disappointedly.

Su madre sonriendo y serena le respondió "El dinero que te di es para comprar comida para perros, y para pagar el bus a la biblioteca, no más, Paco".

Paco con resignación le comunicó a su madre su última petición "está bien, Mamá, pero ¿Por qué usar el autobús, puedo pedirte prestado el carro, para ir más cómodo?

Su madre le contestó "Lo siento, Paco, pero no puedo darte el carro, lo usaré yo."

"¿Y eso, a dónde vas, mamá, que iras en carro? Preguntó Paco.

Debo ir a visitar un lugar muy importante hoy Paco, tenemos que ir al cine a ver esa película que se acaba de estrenar.

"Mama ¡me engañaste, eres la mejor!".

His mother, smiling told him "it is for dog food and the bus to the library, no more Paco."

Paco, with resignation, expressed his mother his last request "it's OK, mom, but why using the bus, may I borrow the car, so that, I can go comfortably?"

Her mother replied "I'm sorry, but I can't, I will use it"

"oh, and where are you going, mom, that you will use the car?" said Paco

I must visit a very important place today Paco, we have to go to the movies to watch that movie which was just released".

Mom! You deceived me, you're the best!"

Resumen de la historia

Paco quiere ir al cine, pero no tiene dinero. Le pide dinero a su madre, pero ella dice que necesita estudiar y conseguir comida para el perro. Su madre le da el dinero para el cine y la comida. Él quiere tomar su carro, pero ella dice que no porque ella también va el cine.

Summary of the story

Paco wanted to see a movie, but he does not have money. He asks his mother for money, but she says he needs to study and get food for the dog. His mother does give him the money for the movies and the food. He wants to take her car, but she says no because she is going to the movies, too.

Vocabulary of the story

SPANISH	PRONUNCIATION	ENGLISH
Detenidamente	deh-tehnee-dah-men-teh	Carefully
Intriga	een-tree-gah	Intrigue
Enfadada	en-fa-dah-dah	Angry
Vergüenza	ver-gwen-ssa	Shame
Labores	la-boh-rehss	Chores/Works
Necesita	neh-sseh-ssee-tah	Needs
Comida	koh-me-dah	Food
Comprarlo	kom-prar-law	Buy it
Alimentar	ah-lee-men-tar	Feed
Argumentó	ar-goo-men-toh	Gave an argument or opinion
Amable	ah-mah-ble	kind

Cabo a rabo	ka-bo-ah-ra-bo	Beginning to end
Cartera	car-teh-ra	Purse/bag
Pensando	pen-ssan-doh	Thinking
Complacerlo	come-plah-sser-law	Please him
Decepción	deh-ssep-ssion	Disappointedly
Resignación	re-ssig-nah-ssion	Resignation

Exercises

Questions about the story / Preguntas

1. ¿A dónde quiere ir Paco?

a) A almorzar

b) Al cine

c) A la biblioteca

d) A la tienda

e) A cenar

2. ¿Porque su mamá dice que no al principio?

a) Él tiene labores que hacer

b) Él tiene que pasear al perro

c) Él necesita estudiar.

d) Él tiene que limpiar la casa.

e) Él tiene ir a la biblioteca

2. ¿Cómo se llama el perro de Paco?

a) Bobby

b) Pedro

c) Juan

d) Rocky

e) Rex

3. ¿Por qué su mamá necesita el carro?

a) Para ir al cine

b) Para ir a trabajar

c) Para ir a la biblioteca

d) Para ir a la iglesia

e) Para ir al doctor

Answers / Soluciones

1. B

2. D

3. C

4. A

Chapter 12. Una Competencia Variada

Héctor es un chico de treinta años, actualmente viviendo en Caracas, Venezuela, dueño de un tráiler de comida rápida y amante de la comida callejera.

Héctor no tiene título de chef, simplemente le encanta la mezcla de sabores de la comida callejera y un día decide tener su propio negocio de comida y aprende a prepararlas él solo.

Siempre ha sido muy meticuloso y muy conocedor de la comida callejera típica de sus países preferidos o por lo menos de las comidas rápidas que más le ha gustado luego de probarlas.

Héctor is a thirty-year-old boy, currently living in Caracas, Venezuela, owner of a fast-food trailer and a street food lover.

Hector does not have a chef's degree, he just loves the mix of flavors of street food, and one day he decides to have his own food business and learns to prepare them by himself.

He has always been very meticulous and very knowledgeable about typical street food from his favorite countries or at least the fast foods that he liked the most after trying them.

Su sueño siempre ha sido, además de expandirse y tener varios tráilers de comida, el de participar y ganar en la competencia llamada Camiones de Comida.

Esta es una competencia que se realiza con numerosos tráilers alrededor del país. En muchas ocasiones participan tráilers de otros países para presentar distintos platos de comida callejera de la localidad y previa valoración de varios chefs, deciden al ganador.

Este ganador recibe una gran suma de dinero, publicidad por todas las revistas de comida y la oportunidad de competir nuevamente para defender el título. Si logra defenderlo y quedar ganador, puede obtener el doble de la suma anterior.

His dream has always been, in addition to expanding and having several food trailers, to participate and win in the competition called Food Trucks.

This is a competition that takes place with numerous trailers around the country. On many occasions, trailers from other countries participate to present different street food dishes from the town, and after assessment by various chefs, they decide the winner.

This winner receives a large sum of money, publicity for all the food magazines, and the opportunity to compete again to defend the title. If you manage to defend it and be the winner, you can get double the previous sum.

Héctor siempre ha visto esta competencia a través de la televisión pero esta vez decide participar, ya que va a ser en una ciudad muy cercana a la suya.

Estando muy próximo a la competencia, que iba a llevarse a cabo en seis meses, decide ir preparando su menú.

Debe perfeccionar los distintos sabores de las hamburguesas, preparar exquisitos perros calientes y otros platos conocidos que tiene en mente.

Tiene la magnífica idea de querer preparar platos de otras ciudades y otros países para hacerlos más sabrosos y con un toque especial que los mismos chefs de los distintos tráilers.

Héctor has always seen this competition on television but this time he decides to participate since it will be in a city very close to his.

Being very close to the competition, which was to take place in six months, he decides to prepare his menu.

You must hone the different flavors of the burgers, prepare delicious hot dogs and other familiar dishes you have in mind.

He has the magnificent idea of wanting to prepare dishes from other cities and other countries to make them tastier and with a special touch than the same chefs from the different trailers.

Una tarde, antes de abrir su negocio, se reúne con Javier, quien además de ser su mejor amigo, es la persona encargada de ayudarlo en su tráiler de comida.

—Javier, primero que todo creo que debemos perfeccionar nuestros platos típicos, hacer recetas innovadoras y luego, ver si podemos perfeccionar los demás platos, ¿qué dices? —pregunta Héctor.

—Sí, me parece buena idea. Además, he estado investigando un poco acerca de los platos típicos de otros países vecinos que nosotros mismos podemos perfeccionar —dice Javier.

—Perfecto. Comencemos con las hamburguesas, debemos de ir por lo seguro y hacer una exquisita hamburguesa clásica —dice Héctor.

One afternoon, before opening his business, he meets with Javier, who in addition to being his best friend, is the person in charge of helping him in his food trailer.

—Javier, first of all, I think that we should perfect our typical dishes, make innovative recipes and then, see if we can perfect the other dishes, what do you say? Héctor asks.

"Yes, I think it's a good idea." Also, I have been doing a little research about typical dishes from other neighboring countries that we can perfect ourselves, "says Javier.

-Perfect. Let's start with the burgers, we must play it safe and make an exquisite classic burger, "says Héctor.

—Sí, esa la podemos hacer con carne, queso, queso cheddar derretido, extra tocineta crujiente y con las típicas verduras, tomate, cebolla y lechuga —dice Javier.

—Exacto, pero me voy a arriesgar y voy a colocar el queso cheddar derretido dentro de la carne de hamburguesa para darle un toque especial y personal —dice Héctor.

—¡Claro, muy buena idea! Eso es lo que buscamos, originalidad —exclama Javier.

—Otra de las ideas que tengo es preparar una hamburguesa tropical que lleve carne de res, rebanadas de jamón serrano, queso, cebolla, piña y acompañada de papas fritas —dice

—Eso está increíble, no sé de dónde se te ocurren esas ideas —dice Javier.

—Eso no es todo, para la hamburguesa de pollo también tengo un par de ideas —dice Héctor.

---"Yes, we can do that with meat, cheese, melted cheddar cheese, extra crispy bacon, and with the typical vegetables, tomato, onion, and lettuce," says Javier.

---"Exactly, but I'm going to take a risk and put the melted cheddar cheese inside the hamburger meat to give it a special and personal touch," says Héctor.

----"Sure, a very good idea!" That is what we are looking for, originality —exclaims Javier.

—Another idea I have is to prepare a tropical hamburger that includes beef, slices of Serrano ham, cheese, onion, pineapple and accompanied by French fries, he says.

----"That's incredible, I don't know where those ideas come from," says Javier.

----"That's not all, for the chicken burger I also have a couple of ideas," says Hector.

Javier en tono de curiosidad le dice:

—A ver, dime. Ya me tienes con intriga, no sé con qué vas a salir luego de lo de la hamburguesa tropical.

—Es una hamburguesa de filete de pollo pero que lleva aguacate, rúgula y dos bolas de mozzarella de búfala —dice Héctor.

—Suena exquisito, Héctor, y para acompañarla puede ser con papas fritas o bien con una ensalada —dice Javier.

—Exactamente —dice Héctor.

—Con respecto a los perros calientes, podemos hacer los clásicos con solo la salchicha y la salsa mostaza. Podemos hacer otros agregando salchicha alemana con un trozo largo de queso, verduras y papas fritas —dice Javier.

Javier curiously tells him:
-Tell me. You already have me intrigued, I don't know what you're going to come out with after the tropical burger.
-----"It's a chicken fillet burger but it has avocado, arugula, and two buffalo mozzarella balls," says Hector.
------"It sounds delicious, Héctor, and to accompany it can be with chips or a salad," says Javier.
-----"Exactly," says Hector.
—With regard to hot dogs, we can make the classics with only the sausage and the mustard sauce. We can make others by adding German sausage with a long piece of cheese, vegetables, and fries, "says Javier.

—Perfecto, intentemos eso —dice Héctor.

Luego de su reunión, decidieron que por los momentos solo iban a perfeccionar las hamburguesas y los perros calientes para luego comenzar con los otros platos.

Durante su apertura, la gente comenzó a pedir la hamburguesa tropical ya que según referencia de los propios clientes, es muy raro ver hamburguesas de ese tipo en los puestos de comida callejera.

Lo que más le impresiona a la clientela de ese plato es la adición de un trozo de piña para darle ese toque especial que endulza todo el plato.

-----"Perfect, let's try that," says Hector.
After their meeting, they decided that at the moment they were only going to perfect the hamburgers and hot dogs and then start with the other dishes.
During its opening, people started ordering the tropical burger since, according to customers' references, it is very rare to see burgers of this type in street food stalls.

What most impresses the customers of that dish is the addition of a piece of pineapple to give it that special touch that sweetens the entire dish.

 A lo lejos, Héctor ve venir a un cliente que regularmente visita su tráiler a comerse unas hamburguesas y le comenta:

—Hola Héctor, por ahí se dice que vas a competir en los Camiones de Comida. Me voy a atrever a decir que si llevas la hamburguesa tropical, no vas a perder.

—Hola, muchas gracias. Sí, así es, voy a competir y estoy probando nuevas recetas a ver si le gusta a la clientela. Repito, muchas gracias por el comentario —dice Héctor.

—No te preocupes, hay que dar crédito y mérito por lo bueno. Hasta luego —dice el cliente.

—Hasta luego —se despide Héctor.

In the distance, Héctor sees a client who regularly visits his trailer eat some hamburgers and comments:
—Hello Héctor, it is said that you are going to compete in the Food Trucks. I dare say that if you bring the tropical burger, you will not lose.
--Hello, thank you very much. Yes, that's right, I'm going to compete and I'm trying new recipes to see if the customers like it. I repeat, thank you very much for the comment - says Héctor.
—Don't worry, you have to give credit and merit for what is good. See you later, "says the client.
"See you later," says Hector.

Terminada la jornada de trabajo, Héctor y Javier se reúnen para hacer un resumen de lo que a la gente le ha gustado más o por lo menos lo que más pidieron ese día.

—Según mis cálculos, pidieron casi el triple de veces la hamburguesa tropical con respecto a los demás platos —dice Héctor.

—Sí, pero la hamburguesa de pollo no se quedó atrás, también la pidieron bastante. Lástima por los perros calientes, pero creo que las hamburguesas, por hoy, se llevaron la total atención —dice Javier.

  —Definitivamente vamos a llevar a la competencia la hamburguesa tropical y la hamburguesa de pollo con aguacate y piña. Nos vemos mañana para discutir acerca de los otros platos. Hasta luego —dice Héctor.

After the day's work, Héctor and Javier meet to make a summary of what people liked the most or at least what they asked for the most that day.

"According to my calculations, they ordered the tropical hamburger almost three times more than the other dishes," says Héctor.

—Yes, but the chicken burger was not far behind, they also asked for it a lot. Too bad for the hot dogs, but I think the hamburgers, for today, took the full attention —said, Javier.

—We are definitely going to take the tropical burger and the chicken burger with avocado and pineapple to the competition. See you tomorrow to discuss other dishes. See you later, "says Héctor.

Al día siguiente en la tarde, se vuelven a reunir para discutir acerca de los platos de comida callejera de otros países, ya que los típicos de su ciudad ya los habían escogido.

—Tengo un par de ideas. Colombia va a participar como con cuatro tráilers, así, estaba pensando en hacer una de sus comidas típicas y hacerlas mejor. ¿Qué dices? —pregunta Javier.

—¿Colombia? Es una casualidad porque estoy pensando exactamente en el mismo país. Claro, ¿has investigado algo? —dice Héctor.

—Sí, así como nosotros tenemos empanadas aquí, ellos también las tienen, pero las de ellos se caracterizan por tener una crujiente cubierta de harina de maíz —dice Javier.

The next day in the afternoon, they meet again to discuss street food dishes from other countries, since the typical ones from their city had already chosen them.

"I have a couple of ideas." Colombia is going to participate with four trailers, so, I was thinking of making one of their typical foods and make them better. What do you say? Javier asks.

-Colombia? It is a coincidence because I am thinking of exactly the same country. Sure, have you investigated something? Hector says.

"Yes, just as we have empanadas here, they also have them, but theirs are characterized by having a crispy cornmeal coating," Javier says.

—¿Y qué llevan en su interior? —pregunta Héctor.

—En su interior llevan ingredientes como arroz, carne de res, pollo o papa, pero tienen la especial característica de ir acompañadas con ají o con salsa picante —dice Javier.

—Me parece interesante, ¿algo más? —pregunta Héctor.

—Pues sí, podemos hacer los llamados buñuelos que son una especie de pancitos hechos a base de harina o almidón de yuca con queso costeño. Se suelen acompañar con bebidas frescas o calientes —dice Javier.

---"And what do they have inside?" Héctor asks.
---"Inside they have ingredients like rice, beef, chicken or potatoes, but they have the special characteristic of being accompanied with chili or hot sauce," says Javier.
---"I find it interesting, something else?" Héctor asks.
—Well yes, we can make the so-called buñuelos, which are a kind of bread made with flour or cassava starch with coastal cheese. They are usually accompanied by fresh or hot drinks

—said Javier.

—Perfecto, podemos intentar hacerlas esta misma noche y darle nuestro toque criollo para hacerlas diferentes a la de los colombianos —dice Héctor.

Llega el momento de la apertura del local. Seguían probando las hamburguesas y los perros calientes pero añadieron como plato nuevo los buñuelos y las empanadas.

A la mayoría de los clientes le llamaba particularmente la atención las empanadas, ya que son preparadas de una forma distinta a las que normalmente se comen en el lugar, motivo por el cual muchos las pidieron por curiosidad.

---"Perfect, we can try to make them this very night and give it our Creole touch to make them different from that of the Colombians," says Héctor.
It is time for the opening of the premises. They kept trying the burgers and hot dogs but added the fritters and empanadas as a new dish.
Most of the clients were particularly interested in the empanadas since they are prepared in a different way from those normally eaten on the spot, which is why many asked for them out of curiosity.

Al finalizar el día, muchos de los clientes con familias colombianas y que han probado esas empanadas en Colombia, dijeron que estaban muy buenas pero que tenían un toque distinto a las del país vecino.

Dicho esto, Héctor y Javier decidieron arriesgarse y colocar las empanadas en el menú en el día de la competencia.

Llega el día de la competencia y Héctor se da cuenta que las reglas cambiaron. Solamente podían servir tres platos durante toda la competencia, ya que al ser tantos tráilers iba a ser muy difícil si sirven más cantidad de platos.

Héctor y Javier deciden que los tres platos que van a servir son la hamburguesa tropical, la hamburguesa de pollo y las empanadas.

At the end of the day, many of the clients with Colombian families and who have tried these empanadas in Colombia said that they were very good but that they had a different touch to those of the neighboring country.
That said, Héctor and Javier decided to take a risk and put the empanadas on the menu on the day of the competition.
The day of the competition arrives and Héctor realizes that the rules have changed. They could only serve three dishes during the entire competition, since being so many trailers it would be very difficult if they serve more dishes.
Héctor and Javier decide that the three dishes they are going to serve are the tropical hamburger, the chicken burger, and the empanadas.

En el lugar habían muchos tráilers de muchas partes del mundo. Era la primera vez que participaban tantos países.

Obviamente esto hizo que a Héctor le diera mucha presión y se tenía que enfocar en preparar los platos con Javier como nunca antes.

En el momento de la competencia, tenían desde las seis de la tarde hasta las doce de la medianoche para preparar los platos y que la clientela los probara.

Luego que los clientes comieran, tenían que colocar sus opciones junto con una votación del tráiler que más les había gustado y al finalizar el día darían los resultados de dichas votaciones.

In the place, there were many trailers from many parts of the world. It was the first time that so many countries participated.
This made Héctor give him a lot of pressure and he had to focus on preparing the dishes with Javier like never before.
At the time of the competition, they had from six in the afternoon until midnight to prepare the dishes and for the clientele to try them.

After the customers ate, they had to put their options together with a vote for the trailer they liked the most and at the end of the day, they would give the results of those votes.

Una vez finalizado el concurso, los encargados de dirigir el evento anuncian a los ganadores. Héctor y Javier se encontraban junto a su tráiler escuchando y muy nerviosos.

—Por primera vez en la historia de nuestra competencia, debemos anunciarles que ha habido un empate —dice el encargado.

Héctor y Javier se cruzan miradas un poco confundidas cuando continúan escuchando.

—Hemos discutido entre todos los organizadores y queremos informar que ambos ganadores gozarán de los mismos beneficios. Así que prepárense porque tenemos dos ganadores este año —dice el encargado.

Once the contest is over, the managers of the event announce the winners. Héctor and Javier were next to their trailer listening and very nervous.
"For the first time in the history of our competition, we must announce that there has been a tie," says the manager.
Héctor and Javier look at each other a little confused when they continue listening.
—We have discussed among all the organizers and we want to inform you that both winners will enjoy the same benefits. So get ready because we have two winners this year, "says the manager.

—Los ganadores son Jean Luca, del tráiler de Italia y Héctor, del tráiler de Venezuela —continúo diciendo el encargado.

Héctor no lo podía creer, ya que siempre había sido su sueño y junto con Javier lo había podido lograr. Luego, se acerca al escenario donde recibe un gran cheque con una gran suma de dinero y un gran trofeo.

Al llegar a su casa, Héctor coloca el gran trofeo en su cuarto y mirándolo piensa: «Por fin logré mi sueño, ahora debo prepararme para ganar de nuevo el año que viene».

---"The winners are Jean Luca, from the trailer for Italy and Hector, from the trailer in Venezuela," the manager continued.
Héctor could not believe it since it had always been his dream and together with Javier, he had been able to achieve it. Then, he approaches the stage where he receives a large check

with a large sum of money and a large trophy.

Upon arriving home, Héctor places the great trophy in his room, and looking at it he thinks: «I finally achieved my dream, now I must prepare to win again next year».

Resumen de la historia

Héctor es un chico de treinta años que es dueño de un tráiler de comida rápida, quien toda su vida había soñado con expandirse por todo el mundo y ganar una de las competencias más populares del tema llamada Camiones de Comida, motivo por el cual se preparara para dicha competencia y al final se lleva una grata sorpresa.

Summary of the story

Hector is a 30-year-old boy who has a fast food trailer and has dreamed of expanding all over the world and winning one of the most popular competitions by the name of "Food trucks", which is why he will prepare himself for the competition and in the end, he will be pleasantly surprised.

Vocabulary of the story

1. Chico: Boy
2. Años: Years
3. Actualmente: Currently
4. Viviendo: Living
5. Dueño: Owner
6. Tráiler: Trailer
7. Comida rápida: Fast food
8. Comida callejera: Street food
9. Título: Title
10. Mezcla: Mixture
11. Sabores: Flavors
12. Propio: Own
13. Negocio: Business
14. Meticuloso: Meticulous
15. Conocedor: Connoisseur
16. Típica: Typical
17. Países: Countries
18. Participar: To take part
19. Ganar: To win
20. Competencia: Competition
21. Camiones de Comida: Food trucks
22. Numerosos: Numerous
23. Alrededor: Around
24. Localidad: Location
25. Valoración: Assessment
26. Chefs: Chefs
27. Gran suma: Great sum

28. Dinero: Money
29. Publicidad: Advertising
30. Revistas: Journals/Magazines
31. Defender: to defend

32. Doble: Double
33. Televisión: TV
34. Ciudad: City
35. Cercana: Close
36. Perfeccionar: To improve
37. Hamburguesas: Burgers
38. Exquisitos: Exquisite
39. Perros calientes: Hot dogs
40. Mente: Mind
41. Magnífica: Magnificent
42. Idea: Idea
43. Platos: Dishes
44. Abrir: To open

45. Negocio: Deal/Business
46. Mejor amigo: Best friend
47. Recetas innovadoras:
Innovative recipes
48. Seguro: Safe
49. Clásica: Classic
50. Carne: Meat
51. Queso: Cheese
52. Tocineta: Bacon
53. Crujiente: Crunchy
54. Verduras: Vegetables
55. Tomate: Tomato
56. Cebolla: Onion
57. Lechuga: Lettuce
58. Especial: Special

59. Originalidad: Originality
60. Jamón: Ham
61. Papas fritas: French fries
62. Intriga: Intrigue
63. Aguacate: Avocado
64. Bolas: Balls
65. Ensalada: Salad
66. Salchicha: Sausage
67. Salsa: Sauce
68. Mostaza: Mustard
69. Alemana: German
70. Trozo: Piece
71. Largo: Long
72. Momentos: Moments
73. Apertura: Opening
74. Referencia: Reference
75. Clientela: Clientele
76. Adición: Addition
77. Piña: Pineapple
78. Atrever: To dare
79. Comentario: Comment
80. Crédito: Credit
81. Mérito: Merit
82. Jornada: Working day

83. Trabajo: Job
84. Triple: Triple
85. Total: Total
86. Atención: Attention
87. Cuatro: Four
88. Casualidad: Coincidence
89. Exactamente: Exactly
90. Empanadas: Empanadas
91. Crujiente: Crunchy

92. Harina: Flour

93. Maíz: Corn

94. Interior: Inside

95. Arroz: Rice

96. Papa: Potato

97. Ají: Chili pepper

98. Picante: Hot spicy

99. Almidón: Starch

100. Yuca: Yucca

101. Bebidas: Drinks

102. Calientes: Hot

103. Toque criollo: Creole touch

104. Normalmente: Usually

105. Curiosidad: Curiosity

106. Familia: Family

107. Reglas: Rules

108. Servir: To serve

109. Presión: Pressure

110. Enfocar: To focus

111. Seis: Six

112. Doce: Twelve

113. Medianoche: Midnight

114. Opciones: Options

115. Votación: Vote

116. Historia: History

117. Empate: Tie

118. Encargado: Manager

119. Beneficios: Benefits

120. Escenario: Stage

121. Cheque: Check

122. Trofeo: Trophy

123. Sueño: Dream

Exercises

Questions about the story / Preguntas

1. ¿Cuál es el sueño de Héctor además de expandirse y tener varios tráilers de comida?

a. Ser chef

b. Ganar Camiones de Comida

c. Tener un restaurante de comida rápida.

2. ¿Cuándo iba a llevarse a cabo la competencia?

a. En seis meses

b. En dos meses

c. En ocho meses

3. ¿Cuál es la hamburguesa que más le gustó a los clientes?

a. La clásica

b. La de pollo con aguacate

c. La tropical

4. ¿Cuál es el plato que Héctor y Javier no sirven en la competencia?

a. La hamburguesa de pollo

b. Las empanadas

c. La hamburguesa clásica.

5. ¿Para qué se piensa preparar Héctor el año que viene?

a. Para ampliar su negocio

b. Para ganar de nuevo la competencia

c. Para convertirse en chef

Answers / Soluciones

1. B

2. A

3. C

4. C

5. B

Chaper 13 :Persevera y Triunfarás (Persevere and You Will Win)

«¿Por qué no podemos entrar?», le pregunté al hombre corpulento parado frente a nosotros. Vestía un traje oscuro y era alto y fuerte. Bloqueaba la entrada al club nocturno Zara. Se podía escuchar la música de baile tras la puerta. ¡Queríamos entrar!

"Why can't we come in?" I asked the big man standing in front of us. He wore a dark suit and was tall and strong. It blocked the entrance to the Zara nightclub. You could hear the dance music behind the door. We wanted to get in!

Había perdido mi trabajo el día anterior. ¡Necesitaba una noche de diversión! No quería estresarme, y entonces, ¡tenía que encontrar una forma de entrar!

El hombre alto era como un gorila; su trabajo era dejar entrar a la gente «adecuada» y dejar a todos los demás afuera. Señaló su portapapeles y frunció el ceño.

I had lost my job the day before. I needed a fun night! I didn't want to stress, and then, I had to find a way to get in!

The tall man was like a gorilla; His job was to let the "right" people in and let everyone else out. He pointed to his clipboard and frowned.

—Tu nombre no está en esta lista.

Lo miré. Era al menos 15 cm más alto que yo.

—¿Y cómo entramos en esa lista?

—Your name is not on this list.

I looked at him. He was at least 15 cm taller than me.

"How do we get on that list?"

Estaba con mis amigos, Nacho y Arón. Nos habíamos puesto guapos. Habíamos atravesado la ciudad en coche para venir a Zara. Era un club nuevo y famoso, y queríamos conocerlo.

Pero el gorila no nos respondió. En vez de responderme, miró por encima de mi hombro flacucho. La cola de personas detrás de mí era larga.

I was with my friends, Nacho and Arón. We had become handsome. We had crossed the city by car to come to Zara. It was a new and famous club, and we wanted to meet him.

But the gorilla did not answer us. Instead of answering me, he looked over my skinny shoulder. The queue of people behind me was long.

—¿Cómo entro? —pregunté otra vez y chasqué los dedos. Quería que me prestara atención.

—Tú no —dijo. Hizo un gesto con la mano a la siguiente persona de la cola para que avance. Era una chica rubia hermosa. Cuando la vi, tuve una idea...

—¡Espera, espera! —respondí—. ¡Nuestras novias ya están adentro! —era mentira. Arón me miró raro. Tal vez pensó: «¿Juan está loco?».

-How do I come in? I asked again and clicked my fingers. I wanted him to pay attention to me.

"Not you," he said. He waved the next person in the queue to advance. She was a beautiful blonde girl. When I saw her, I had an idea ...

-Wait! -I replied-. Our girlfriends are already inside! -it was a lie. Aron looked at me weird. Maybe he thought, "Juan is crazy?"

—Juan, ¿qué estás haciendo? —me susurró al oído. Era apuesto, pero también tímido. Nunca se arriesgaba.

—Cállate —le respondí. No quería que nos escuchara el gorila.

Pero nos escuchó. Puso los ojos en blanco y trató de ignorarme una vez más.

—No, de veras —insistí—. Nuestras novias están esperándonos adentro.

Levantó una cuerda de terciopelo rojo para dejar pasar a la chica rubia.

—Gracias, Bruno —dijo al pasar—. Podía oler su perfume Quería seguirla, pero Bruno el gorila negó con la cabeza.

—¿Es verdad que vuestras amigas están adentro?

—Sí —respondí—. ¡Nuestras novias!

—Juan, what are you doing? He whispered in my ear. He was handsome, but also shy. He never risked."Shut up," I replied. I didn't want the gorilla to listen to us.

But he heard us. He rolled his eyes and tried to ignore me once more.

"No, really," I insisted. Our girlfriends are waiting for us inside.

He lifted a red velvet rope to let the blonde girl through.

"Thank you, Bruno," he said as he passed. I could smell her perfume. I wanted to follow her, but Bruno the gorilla shook his head.

"Is it true that your friends are inside?"

"Yes," I replied. Our girlfriends!

Tenía una expresión dudosa. Se llevó la mano a la cabeza calva y luego levantó otra vez el portapapeles.

—Está bien. Dime sus nombres.

—Sus… ¿nombres? —Claro que yo no sabía sus nombres… ¡porque no existían!— Ejem…

—¡Te pillé! —dijo. Sonrió y me hizo a un lado—.

He had a doubtful expression. He put his hand to his bald head and then raised the clipboard again.

-It's okay. Tell me their names.

-Their names? "Of course I didn't know their names ... because they didn't exist!"

-I catch you! -said. He smiled and pushed me aside.

* * *

Como no podíamos entrar, nos marchamos de Zara. Cruzamos la calle para tomar un café.

—No fue muy inteligente, Juan— dijo Arón y se quitó la chaqueta. Se había puesto su ropa favorita para salir. Era tan guapo y vestía ropa tan elegante que parecía un actor, pero siempre tenía una actitud negativa.

Me sentí mal porque la idea de salir había sido mía. Todos sabían que era imposible entrar a Zara sin reserva... y conseguir una reserva, ¡era imposible! Pero yo había querido probar.

Nacho pidió café negro con dos churros rellenos de chocolate. Nacho no se parecía en nada a Arón. Era más arriesgado y feliz. A Nacho le encantaba comer dulces, como tortas y golosinas, por eso estaba un poco gordo.

As we could not enter, we left Zara. We cross the street for coffee.

"He wasn't very smart, Juan," said Aron and took off his jacket. He had put on his favorite clothes to go out. He was so handsome and dressed in such elegant clothes that he looked like an actor, but he always had a negative attitude.

I felt bad because the idea of leaving had been mine. Everyone knew that it was impossible to enter Zara without a reservation ... and get a reservation, it was impossible! But I had wanted to try.

Nacho ordered black coffee with two chocolate-filled churros. Nacho didn't look anything like Arón. I was more risky and happy. Nacho loved to eat sweets, like cakes and treats, that's why he was a little fat.

—Voy a comer lo mismo —le dijo Arón al camarero—. Pero los míos sin chocolate, por favor.

—¿Y qué desearía usted, señor? —me preguntó el camarero.

—Desearía saber cómo entrar en ese club nocturno —le respondí.

—No puede entrar. No sin una reserva... o una compañera —dijo—. A menos que seas una chica, por supuesto. Para las chicas es fácil entrar. Quieren tener más chicas adentro.

—¿Por qué? —preguntó Arón.

—¡Porque los tíos irán a gastar dinero!

Asentí con la cabeza.

—Eso no es justo.

"I'm going to eat the same thing," Aron told the waiter. But mine without chocolate, please.

"What would you want, sir?" Asked the waiter.

"I wish I knew how to get into that nightclub," I replied.

-He can not enter. Not without a reservation ... or a partner, 'he said. Unless you're a girl, of course. It is easy for girls to enter. They want to have more girls inside.

-Why? Asked Arón.

"Because the uncles will spend money!"

I nodded.

-That is not fair.

El camarero se encogió de hombros.

—Puede ser, pero así es la vida. Si queréis ir a Zara, debéis encontrar a alguien que os acompañe. ¿Desea algo?

—Solamente café con leche. Sin churros. —Miré a mis amigos—. ¿Quién come churros a las nueve de la noche?

Nacho y Arón se miraron.

—Nosotros —dijeron al mismo tiempo. Suspiré y me crucé de brazos. Parecía que iba pasar la noche con estos dos.

The waiter shrugged.

"It may be, but that's life." If you want to go to Zara, you must find someone to accompany you. Do you wish something?

"Only coffee with milk." No churros "I looked at my friends." Who eats churros at nine o'clock at night?

Nacho and Arón looked at each other.

"We," they said at the same time. I sighed and crossed my arms. It seemed like I was going to spend the night with these two.

* * *

Después de terminar los cafés (y los churros), pagamos la cuenta. Noté que había tres chicas sentadas a una mesa. Estaban hablando. También habían terminado de comer y beber.

—Oíd, muchachos —les dije a mis amigos—. ¿Qué os parece si...?

—No —me interrumpió Arón—. Vámonos, Juan.

—Espera. ¿Qué, Juan? —preguntó Nacho—. ¿Quieres hablar con ellas?

Me peiné el cabello negro con los dedos.

—Podemos intentarlo. ¿Por qué no? Venga, acabo de perder mi trabajo. ¡Hazme un favor! ¿Qué es lo peor que puede pasar?

Arón me miró fijamente, pero Nacho le dio un golpecito en el brazo.

—¡Venga, Arón! —dijo—. Juan tiene razón. Podemos preguntarles. Quizás quieran ir con nosotros a Zara. Si logramos entrar, se pueden quedar con nosotros. O si prefieren, se pueden marchar.

After finishing the coffees (and churros), we pay the bill. I noticed that there were three girls sitting at a table. They were talking. They had also finished eating and drinking.

"Hey, guys," I told my friends. What do you think if ...?

"No," Aron interrupted. Let's go, Juan.

-Wait. What, Juan? Asked Nacho. Do you want to talk to them?

I combed my black hair with my fingers.

-We can try. Why not? Come on, I just lost my job. Do me a favor! What is the worst that can happen?

Aron stared at me, but Nacho tapped his arm.

"Come on, Aron!" -said-. Juan is right. We can ask them. Maybe they want to go with us to Zara. If we get in, they can stay with us. Or if you prefer, you can leave.

Las chicas nos miraban. Una de ellas, una chica con cabello rojizo, se inclinó sobre la mesa. Le susurró algo a sus amigas y ellas asintieron con la cabeza. Ninguna sonreía.

Se me hizo un nudo en la garganta, pero decidí seguir adelante con mi plan. Caminé hasta su mesa. Mis amigos se quedaron detrás de mí.

—Hola, me llamo Juan Cruz. no una familia para tom cruz-intenté hacer una broma mala.

—Eso es obvio —dijo la pelirroja. Sus amigas se rieron, pero yo me reí con ellas. Un poquito.

—¿Os apetecería venir a Zara con nosotros? El gorila no quiso dejarnos entrar —dije—. Pero quizás podríamos entrar con compañeras.

La más pequeña de las tres chicas dijo: —¿Compañeras? ¡Ni siquiera os conocemos!

—Lo sé —dije—. ¡Pero intentémoslo! ¿No queréis conocer el interior de Zara?

Las chicas miraron a través de la ventana a la larga cola frente al club nocturno. Luego se miraron entre sí.

—No os necesitamos para entrar —dijo la pelirroja—. Pero... supongo que podemos ayudaros. Por cierto, me llamo Catalina.

The girls looked at us. One of them, a girl with reddish hair, leaned over the table. She whispered something to her friends and they nodded. None smiled.

My throat was knotted, but I decided to go ahead with my plan. I walked to his table. My friends stayed behind me.

—Hi, my name is Juan Cruz. Not a family for Tom Cruz - I tried to make a bad joke.

"That's obvious," said the redhead. Her friends laughed, but I laughed with them. A little.

"Would you like to come to Zara with us?" The gorilla didn't want to let us in, "I said. But perhaps we could enter with partners.

The youngest of the three girls said: "Companions?" We don't even know you!

"I know," I said. But let's try it! Don't you want to know the interior of Zara?

The girls looked through the window at the long queue in front of the nightclub. Then they looked at each other.

"We don't need you to get in," said the redhead. But ... I guess we can help you. By the way, my name is Catalina.

Resumen de la historia

Juan Cruz ha perdido su trabajo. Juan Cruz y sus amigos Nacho y Arón van a un club nocturno llamado Zara, pero no pueden entrar. No tienen reservas. Cruzan la calle para tomar un café y churros en una cafetería. Ven a un grupo de chicas en la cafetería. Les preguntan a las chicas si desean ir al club con ellos. Las chicas aceptan.

Summary of the story

Juan Cruz has lost his job. Juan Cruz and his friends Nacho and Arón go to a nightclub called Zara, but cannot enter. They have no reservations. They cross the street for coffee and churros in a cafeteria. Come to a group of girls in the cafeteria. They ask the girls if they want to go to the club with them. The girls accept.

Vocabulary of the story

•parado frente a nosotros - standing in front of us

•una noche de diversión - a night of fun

•frunció el ceño - he frowned

•nos habíamos puesto guapos - we dressed up

•flacucho/a - skinny

•chasqué los dedos - I snapped my fingers

•apuesto/a - dashing

•puso los ojos en blanco - he rolled his eyes

•negó con la cabeza - he shook his head

•me hizo a un lado - he pushed me aside

•conseguir - to achieve / to obtain

•arriesgado/a - brave

•las golosinas - sweets

•se encogió de hombros - he shrugged his shoulders

•suspiré - I sighed

•hazme un favor - do me a favour

•asintieron con la cabeza - they nodded in agreement

•se me hizo un nudo en la garganta - I had a lump in my throat

•(no tiene) nada que ver con (algo) - it has nothing to do with (sth)

•ni siquiera os conocemos - we don't even know you

•se miraron entre sí - they looked at each other

Exercises

Questions about the story / Preguntas

1. ¿Cuál es el trabajo del gorila en Zara?

a. Sirve bebidas

b. Aparca coches

c. Decide quién puede entrar

d. Opera la caja registradora

1. What is the gorilla's job at Zara?

to. Serve drinks

b. Park cars

C. Decide who can enter

d. Operate the cash register

2. ¿De dónde saca Juan la idea para entrar?

a. Ve a una chica rubia que entra

b. Ve a un chico rubio que entra

c. Ve a una pareja que entra

d. Al tomar café y churros

2. Where does Juan get the idea to enter?

to. See a blonde girl who enters

b. See a blond boy who enters

C. See a couple who enters

d. When drinking coffee and churros

3. ¿Por qué opina Juan que Nacho está un poco gordo?

a. Nacho no hace ejercicio

b. A Nacho le gustan los dulces como los churros rellenos de chocolate

c. Nacho es tímido

d. Ninguna de las anteriores

3. Why does Juan think that Nacho is a little fat?

to. Nacho does not exercise

b. Nacho likes sweets like chocolate-filled churros

C. Nacho is shy

d. None of the above

4. Juan hace una broma sobre su relación con un actor, pero piensa que la broma:

a. es un poco divertida

b. es muy divertida

c. no es nada divertida

d. es demasiado seria

4. Juan makes a joke about his relationship with an actor, but thinks that the joke:

A. it's a little fun

b. It's very funny

C. it's nothing fun

d. it's too serious

5. Las chicas:

a. están ilusionadas de tener una cita con los chicos

b. están enojadas porque las molestaron

c. dicen que les ayudarán

d. no les ayudarán

5. The girls:

A. are excited to have a date with the boys

b. they are angry because they bothered them

C. they say they will help you

d. they will not help you

Answers / Soluciones

1. c

2. a

3. b

4. c

5. c

Chaper 14. El Invento

Lo único que hacía falta era comprobar si el motor funcionaba bien. Era un invento muy raro, ambicioso innovador. Pero sobre todo, muy raro. Dos científicos se habían propuesto crear una máquina informa entraran al menos cuatro personas. Esta máquina que llamaron el Tosta Móvil. Podía viajan al pasado. Durante el viaje el Tosta Móvil tenía un dispositivo que te desintegraba la ropa actual que tenías puesta al momento de ingresar a la máquina y te la cambiaba por una réplica exacta del tipo de vestimenta de la época a la que decidas viajar.

All that was needed was to check if the engine worked well. It was a very rare invention by an ambitious innovator. But above all, it was very rare. Two scientists had set out to create a machine, informing only four people. They called this machine the Tosta Mobile. It could travel to the past. During the trip, the Tosta Móvil had a device that disintegrated the current clothes that you had on when you entered the machine and exchanged them for an exact replica of the type of clothing of the time where you decided to travel.

Los dos científicos, Orlando y Marcos, habían fracasado doscientos setenta y cinco veces cuando estaban creando y experimentando para inventar algo. Que realmente ayudará a la curvidad a descubrir la verdad sobre la historia de la curvidad y no lo que te cuentas los libros y las revistas y mucho menos lo que te ensenar en la escuela. Pero después de tantos intentos fallidos por fin había logrado crear su máquina.

The two scientists, Orlando and Marcos, had failed 275 times when they were creating and experimenting on the invention. It really helps the interest to discover the truth about the history of curiosity, which you cannot read in books or magazines or learn in school. But after so many failed attempts, they had finally managed to create their machine.

Tenían que probanza y comprobar que funcionaba y serían ellos mismos quienes asumirán el riesgo de viajar al pasado en el Tosta Móvil porque no sabían si tendrá efectos secundarios negativos. No querían poner en peligro la vida de ninguna otra persona.

They had to prove and verify that it worked, and they would be the ones who will take the risk of traveling to the past in the Tosta Mobile because they did not know if it will have negative side effects. They did not want to endanger the life of any other person.

Así que Orlando y Marcos, después al arreglar los últimos detalles técnicos en el motor, se lanzaron a la aventura de visar en el tiempo. Eligieron ir al año 1789 cuando francia se encontraba en una profunda crisis económica y social. La monarquía también estaba en crisis financiera. Por los elevados costos jaleando y la corte.

So Orlando and Marcos, after fixing the latest technical details on the engine, set out on the adventure of time warping. They chose to go to the year 1789 when France was in a deep economic and social crisis. The monarchy was also in financial crisis because of the high costs and spending of the court.

El problema es que tuvieron una falla técnica en el dispositivo de cambio de ropa y el vestuario no fue el traje típico que estaban en Francia en 1789. El Tosta Móvil les colocó ropa de astronautas modernos y así fue como enlazando y marcos entraron a los acontecimientos de la revolución francesa, vestidos de astronautas.

The problem is that they had a technical flaw in the change of clothes device, and the costumes were not the typical costume they were in France in 1789. The Tosta Mobile placed them into clothes of modern astronauts, and that was how Orlando and Marco entered the events of the French revolution—dressed as astronauts.

Fue un caos total. Además, querían fue de verdad la muerte de Napoleón Bonaparte. El pequeño detalle es que ahí también se habían equivocado porque Napoleón murió en la isla de Santa Elena el 5 de mayo de 1821.

It was total chaos. They also wanted the death of Napoleon Bonaparte. They were also wrong there because Napoleon died on the island of Santa Elena on May 5, 1821.

Pero el Tosta Móvil estaba programado para no volver a la época actual que resolviera lo que fueron a investigar. Dos astronautas en pleno 1789 no era nada bueno. La gente enloquecía en las calles. Ya no les importaba la revuelta social. Creían que era el fin del mundo y que Orlando y Marcos eran los demonios del Apocalipsis.

But the Tosta Mobile was programmed not to return to the current era to solve what they want to investigate. Two astronauts in the middle of 1789 were nothing good. People went crazy in the streets. They no longer cared about the social revolt. They believed it was the end of the world and that Orlando and Marcos were the Devil of the Apocalypse.

Sus mentes de científicos tenían que encontrar una solución y rápido. Corrieron escapando de la multitud enloquecida y se escondieron en un viejo estable donde había grandes cantidades de estiércol de caballo. Pero por suerte alguien había dejado dos mudas de ropa secándose sobre un tronco dentro del estable. Se quitaron los trajes de astronauta y se vistieron con humildes tipos típicos de 1789.

The minds of scientists had to find a solution fast. They ran away from the crazed crowd and hid in an old stable where there were large amounts of horse manure. But luckily, someone had left two changes of clothes drying on a trunk inside the stable. They removed the astronaut costumes, and they dressed in the humble typical clothing of 1789.

Volvieron al sitio donde estaba escondido el Tosta Móvil. Intentarían reprogramar la máquina y viajar a la fecha correcta en 1821. Pero el 4 de mayo, es decir, un día antes de la muerte de Napoleón Bonaparte. Pero mientras se dirigían al Tosta Móvil, se encontraron con una mujer que llorando a gritos pedía ayuda porque unos guardias del Rey habían encarcelado a su hijo. No sabían qué hacer hasta que Orlando tuvo una idea.

They returned to the place where the Tosta Mobile was hidden. They would try to reprogram the machine and travel to the correct date in 1821, on May 4; that is, one day before the death of Napoleon Bonaparte. But as they went to the Tosta Mobile, they met a woman who was crying loudly for help because some of the King's guards had falsely imprisoned her son. They didn't know what to do until Orlando had an idea.

Orlando: Ya sé que hacer. Es una idea un poco atolondrada.

Marcos: Ya no me gusta. Sea lo que sea, no me gusta.

Orlando: Regresaremos al estable y buscaremos los trajes de astronauta. Los esconderemos en unos de las bolsas con lo que encontremos. Vamos con esta mujer al Rey y ahí buscamos un lugar donde ponernos los trajes de astronauta. Entonces aterronáramos con cosas terribles del Apocalipsis si no suelta al hijo de esta mujer.

Marcos: ¡Nos van a matar!

Orlando: No si decimos cosas que los asustan relacionadas con acontecimientos que los confundan.

Marcos: ¿Por ejemplo?

Orlando: Que la Reina de Francia actuales en realidad el fantasma de Juana de Arco.

Marcos: ¡Nos van a matar!

Orlando: "I know what to do. It is a slightly stunning idea."

Marcos: "I don't like it anymore. Whatever it is, I don't like it."

Orlando: "We will return to the stable and look for the astronaut costumes. We will hide them in one of the bags. We go with this woman to the King, and there, we will look for a place to put on the astronaut costumes. Then we will terrify them with the terrible things about the apocalypse if he does not release this woman's son."

Marcos: "They're going to kill us!"

Orlando: "Not if we say things that can scare them, things related to events that can confuse them."

Marcos: "For example?"

Orlando: "That the current queen of France actually is the ghost of Joan of Arc."

Marcos: "They're going to kill us!"

Pero aún contra de todo pronóstico de desastre, las cosas salieron bien. Los dos científicos crearon tanta confusión y caos que lograron liberar no sólo al hijo de la mujer sino a todos los injustamente encadenados al calabozo. Regresaron a la máquina y adelantaron el viaje de 1789 a 1829—justo a tiempo para descubrir que Napoleón Bonaparte no había muerto de un cáncer provocado por una úlcera en el estómago si no que fue conscientemente envenenado con arsénico.

But even against all the odds and any imminent disaster, things went well. The two scientists created so much confusion and chaos that they managed not only to free the woman's son but also those unjustly chained to the dungeon. They returned to the machine and approved the trip from 1789 to 1829—just in time to discover that Napoleon Bonaparte had not died of cancer caused by a stomach ulcer but was consciously poisoned with arsenic.

Vocabulary of the story

acontecimiento (ah-kohn-teh-see-myehn-toh) Masculine noun – event

ambicioso (ahm-bee-syoh-soh) Adjective – ambitious

apocalipsis (ah-poh-kah-leep-sees) Masculine noun – apocalypse

arreglar (ah-rreh-glahr) Transitive verb – to fix or to repair

arsénico (ahr-cin-ecoh) noun - arsenic

astronauta (ahs-troh-now-tah) Masculine or Feminine noun – astronaut

asumirán (ah-soo-meer) Transitive verb – they will assume

asustan (ah-soos-tahr) Transitive verb – they frighten

aterronáramos (ah-terrr-oh-nah-rah-mohs) Transitive verb – to terrify

atolondrada (ah-toh-lohn-drah-doh) Adjective – scatter-brained

calabozo (kah-lah-boh-soh) Masculine noun - prison

cambiaba (kahm-byah-bah) Transitive verb – I changed

comprobar (kohm-proh-bahr) Transitive verb – to check or to prove

confundan (kohm-foon-dahn) Transitive verb – to confuse

conscientemente (kon-see-in-tah-me-in-teh) Adverb - consciously

corte (kohr-teh) Masculine noun – royal court

140

dejado (deh-hah-doh) Adjective – careless

demonio (deh-moh-nyoh) Masculine noun – the devil

desastre (deh-sahs-treh) Masculine noun – disaster

descubrir (dehs-koo-breer) Transitive verb – to discover or to uncover

desintegraba (dehs-eein-teh-grah-bah) Transitive verb – I disintegrated

doscientos setenta y cinco (dohs-syehn-tohs seh-tehn-tah ee seeng-koh) two-hundred seventy-five

el fin del mundo (ell feen dehl moon-doh) Phrase – the end of the world

elevados (eh-leh-bah-dohs) Transitive noun – to lift or to raise

encarcelado (ehng-kahr-seh-lah-doh) Adjective – incarcerated

enlazando (ehn-lah-sahn-doh) Transitive verb – to link or to connect

enloquecía (ehn-loh-keh-seh-ah) Transitive verb – to go crazy

envenenado (ehm-beh-neh-nahr) Transitive verb – to poison

época (eh-poh-kah) Feminine noun – a period of time or era

equivocado (eh-kee-boh-kah-doh) Adjective – wrong

estable (ehs-tah-bleh) Adjective – stable or steady

estiércol (ehs-tyehr-kohl) Masculine noun – dung or manure

estómago (ehs-toh-mah-goh) Masculine noun – stomach

fallidos (fah-yeh-dos) Intransitive verb – failed

fecha (feh-chah) Feminine noun – a specific date

fin (feen) Masculine noun – end or conclusion

funcionaba (foon-syoh-nahr) Intransitive verb – I worked

injustamente (en-hoos-tah-mehn-teh) Adverb – unfairly

invento (eem-behn-toh) Masculine noun – invention

jaleando (ha-lee-ahn-doh) Transitive verb – to cheer on

liberar (lee-beh-rahr) Transitive verb – to free

logrado (loh-grah-doh) Adjective – successful

máquina (mah-kee-nah) Feminine noun – machine

monarquía (moh-nahr-kee-ah) Feminine noun – monarchy

mudas (moo-dahs) Transitive verb – you change

no me gusta (noh meh goos-tah) Phrase – I do not like

ponernos (poh-nehr-nohs) Transitive verb – to put

Por ejemplo (pohr eh-hehm-ploh) Phrase – For example

pronóstico (proh-nohs-tee-koh) Masculine noun – prediction

reina (rrey-nah) Feminine noun – queen

réplica (rreh-plee-kah) Feminine noun – replica

revuelta (rreh-bwehl-tah) Feminine noun – revolt

rey (rrey) Masculine noun – king

riesgo (rryehs-goh) Masculine noun - risk

ropa (rroh-pah) Feminine noun – clothing

secándose (seh-kahn-doh-say) Transitive verb – drying out

suelta (swehl-tah) Feminine noun – release

tipo (tee-poh) Masculine noun – type

Exercises:

Questions about the story / Preguntas

1. Los científicos inventaron:

   a.   Una bicicleta con alas y hélices

b.   Un helicoptero submarino

c.   Una máquina en forma de tostadora que viaja en el tiempo

2. Los trajes de los científicos en 1789 eran de:

a.   Bomberos

b.   Astronautas

c.   Militares

3. La Maquina se llamaba:

a.   Torbellino

b.   Locofución

c.   Tosta Movil

Answers / Soluciones

1c, 2 b, 3 c

Chaper 15. El Roraima: lugar dónde nació todo

Hay muchos lugares en el mundo que son mágicos, llenos de naturaleza, de colores y de aromas, de flora y fauna que no verás en ningún otro lugar, y que tal vez solamente vayas una vez en tu vida, pero ésa vez que fuiste ha sido suficiente para que cambie por completo tu manera de ver tus alrededores, y por ende, el mundo.

Many places in the world are magical, full of nature, colors and aromas, flora and fauna that you will not see anywhere else, and that you may only go once in your life, but that time you went It has been enough to completely change the way you see your surroundings, and therefore, the world.

Mucha gente no ha escuchado sobre el Monte Roraima -o Roroima como le llaman los indígenas - pero es uno de éstos lugares mágicos. Porque es que ir al monte Roraima significa viajar al pasado, donde todo es nuevo y, a su vez, todo tiene miles de millones de años.

Many people have not heard of Mount Roraima - or Roroima as the indigenous people call it - but it is one of these magical places. Because it is that going to Mount Roraima means traveling to the past, where everything is new and, in turn, everything is billions of years old.

El Monte Roraima es un tepuy que se encuentra entre Venezuela y Brasil. Un tepuy es una gran montaña que tiene una forma bastante particular, y que llama la atención por su grandeza y belleza. Muchos mochileros y mochileras suben todos los días al Roraima, en una travesía que puede durar hasta tres días sólo para llegar a la cima de la montaña.

Monte Roraima is a tepuy that is located between Venezuela and Brazil. A tepuy is a great mountain that has a quite particular shape, and that attracts attention for its greatness and beauty. Many backpackers and backpackers climb the Roraima every day, on a journey that can take up to three days just to reach the top of the mountain.

Se dice que en la parte más alta del monte Roraima se encuentran algunas de las formaciones geológicas más antiguas del planeta, es decir, que tal vez allí vivían dinosaurios y otras criaturas y animales que ya se han extinguido, ya que el monte Roraima tiene al menos 2.000 millones de años.

It is said that in the highest part of Mount Roraima are some of the oldest geological formations on the planet, that is, that dinosaurs and other creatures and animals that have already become extinct lived there, since Mount Roraima has minus 2,000 million years.

Ah, pero que descuidada soy. No me he presentado todavía con ustedes. Mi nombre es Laura. Yo tengo veinte (20) años de edad. Soy de Mérida, una ciudad montañosa al noroeste de Venezuela. Antes nevaba en Mérida todos los años - ¿pueden creerlo, nieve en un país del caribe?- pero últimamente hace mucho calor ya que el calentamiento global está afectando todo.

Ah, but how careless I am. I haven't introduced myself to you yet. My name is Laura. I am twenty (20) years old. I am from Mérida, a mountainous city in the northwest of Venezuela. Before, it snowed in Merida every year - can you believe it, snow in a Caribbean country? - but lately, it's been very hot since global warming is affecting everything.

Soy una chica como cualquier otra, me encanta la música, colecciono revistas de moda y estoy estudiando Filosofía en la Universidad. Me encanta escalar las rocas, y ah, desde los cinco (5) años he estado subiendo al Monte Roraima con mi familia.

I am a girl like any other, I love music, I collect fashion magazines and I am studying Philosophy at the University. I love climbing the rocks, and ah, since the five (5) years I have been climbing Mount Roraima with my family.

Sí, leyeron bien. Desde los 5 años. Lo que pasa es que vengo de una familia que ama la aventura. Por ejemplo, mi abuelo materno no paraba de viajer en Venezuela a pie, el iba y venía del norte al sur y del oeste al este caminando. Mi abuela paterna, por el contrario, recorría todo el país con su familia en automóviles. Mi papá ha navegado por todas las costas de Venezuela, y ha nadado en todas las playas del país. En cambio, mi mamá, ella ha vivido largos años de su vida en pueblos remotos donde ha podido practicar deportes extremos.

Yes, they read well. From 5 years. What happens is that I come from a family that loves adventure. For example, my maternal grandfather did not stop traveling in Venezuela on foot, he came and went from north to south and from west to east on foot. On the contrary, my paternal grandmother traveled the whole country with her family in cars. My dad has sailed all the coasts of Venezuela and has swum on all the beaches in the country. Instead, my mom has lived long years of her life in remote towns where she has been able to practice extreme sports.

Mis papás siempre me cuentan que yo nací durante una nevada, en una madrugada muy fría del 1ero de diciembre. Ellos iban a ir ese mismo día al doctor a ver cómo estaba yo, pero me adelanté y decidí nacer. Así de decidida soy.

Acá en Venezuela no tenemos las cuatro estaciones, por lo tanto no existe el verano, el otoño, el invierno y la primavera. Es más, sólo tenemos dos estaciones (o temporadas, como le llamamos) una es de lluvias y otra de sequía.

Pero volviendo al tema de mis aventuras en el Roraima. Recuerdo exactamente la primera vez que fuimos juntos en familia ya que mis padres querían que yo fuera, y mis abuelos pensaban que era una locura. Hubo un día que escuché la conversación entre mis familiares, y decían:

My parents always tell me that I was born during a snowfall, on very cold dawn on December 1st. They were going to go to the doctor that same day to see how I was, but I went ahead and decided to be born. That's how determined I am.
Here in Venezuela, we do not have the four seasons, therefore there is no summer, autumn, winter, and spring. What's more, we only have two seasons (or seasons, as we call it) one is rainy and the other is drought.
But back to the subject of my adventures in Roraima. I remember exactly the first time we went together as a family since my parents wanted me to go, and my grandparents thought it was crazy. There was a day that I listened to the conversation between my relatives, and they said:

Que es una locura lo que estábamos a punto de hacer. Mi abuelo pensaba que era una locura total. ¿Cómo se van a llevar a una niña de cinco (5) años al Roraima?, decía. Pero mi papá solo le respondía que no era una locura y le llamaba viejo, para que se calmase. Lo que pasa es que seguro mi abuelo quería ir y se ha dado cuenta que ya no puede andar como antes. Pero mi abuelo seguía diciendo que no era eso sino que realmente no entendía cómo íbamos a hacer allá. ¿Qué iba a pasar cuando yo no pueda caminar más y quiera que me carguen?

Mi papá simplemente sonreía. Y le aseguró que cuando yo me canse, de seguro me cargará mi mamá. Aparte, ¿has visto cómo los pemones indígenas llevan a sus hijos en la espalda? ¿como si fuese una mochila? Así me llevaron.

Which is crazy what we were about to do. My grandfather thought it was crazy. How are they going to take a five (5) year old girl to Roraima? He said. But my dad only replied that it was not crazy and called him old, to calm down. What happens is that my grandfather surely wanted to go and has realized that he can no longer walk like before. But my grandfather kept saying it was not that, he didn't understand how we were going to do there. What was going to happen when I can't walk anymore and want to be carried?

My dad just smiled. And he assured him that when I get tired, my mom will surely charge me. Besides, have you seen how the indigenous Pemons carry their children on their backs? As if it were a backpack? So they took me.

Mi abuelo nos deseó lo mejor, como siempre, pero igualmente pensaba que era una actividad que puede esperar hasta que al menos yo tenga diez (10) años. Pero, nosotros habíamos decidido como familia que queríamos ir ahora. Yo sabía que iba a ser una caminata larga, muy larga, y estaba emocionada por ir a un lugar tan mágico.

Dos días después me fui con mi papá y mi mamá al Roraima. Recuerdo que el camino en automóvil fue larguísimo, y que dormí casi todo el tiempo en las piernas de mi mamá. De repente, a las cinco (5) de la mañana del día siguiente, mi papá me despierta para decirme que ya habíamos llegado al Roraima, pero que todavía nos faltaba caminar hasta la cima.

My grandfather wished us the best, as always, but he also thought it was an activity that can wait until at least I am ten (10) years old. But, we had decided as a family that we wanted to go now. I knew it was going to be a long, long walk, and I was excited to go to such a magical place.
Two days later I went with my dad and my mom to Roraima. I remember that the road by car was very long and that I slept almost all the time on my mom's legs. Suddenly, at five (5) in the morning the next day, my dad wakes me up to tell me that we had already reached Roraima, but that we still had to walk to the top.

Ese día, al despertar y desayunar, comencé a jugar con una pelota, y con unos perros que estaban por ahí. La pasé genial. Recuerdo que jugué con muchos niños y niñas de mi edad que eran pemones (indígenas que son del Roraima) y que han subido muchas veces ya a la montaña. Uno de ellos se llama Hernán y me dijo muchas cosas.

Algo que me dijo, y que recuerdo muy bien, es que me va a gustar allá arriba, y todo lo que iba a ver. Pero él sabía que lo que me va a gustar aún más es el camino. Me pidió siempre dar las gracias a Roraima ya que ella nos está dando el agua para beber y el fruto para comer.

That day, when I woke up and had breakfast, I started to play with a ball, and with some dogs that were around. I had a great time. I remember that I played with many boys and girls my age who were Pemon (indigenous who are from Roraima) and who have already gone up the mountain many times. One of them is called Hernán and he told me many

things.

Something he told me, and I remember very well, is that I am going to like it up there, and everything I was going to see. But he knew that what I'm going to like even more is the road. He always asked me to thank Roraima since she is giving us the water to drink and the fruit to eat.

En ése momento no entendí muy bien por qué me decía esto, pero lo dejé pasar. Al día siguiente desperté apenas salió el sol, y ya mi mamá preparaba el desayuno, un rico plato de avena con unas deliciosas bananas. Luego de desayunar me cepillé los dientes y armé mi pequeña mochila.

Al subir al Roraima, las personas que no somos pemones, es decir, los que no hemos nacido en el Roraima, no podemos subir solas. Tenemos que ir siempre con alguien que venga del lugar. Así que a nuestra aventura se nos sumó un pemón que se llama Mago, y su perro Corbata.

Y es así como comenzamos nuestra larga caminata y aventura.

At the time, I didn't quite understand why he was saying this to me, but I let it go. The next day I woke up as soon as the sun came up, and my mom was already preparing breakfast, a delicious plate of oatmeal with delicious bananas. After breakfast, I brushed my teeth and put together my little backpack.
When climbing Roraima, people who are not Pemon, that is, those who were not born in Roraima, cannot climb alone. We always have to go with someone who comes from the place. So our adventure was joined by a pemon called Mago, and his dog Necktie.

And this is how we begin our long walk and adventure.

El primer día paramos en un río cuando ya casi se hacía de noche, porque yo no podía caminar más, y tenía mucha hambre. Luego me enteré que ése día era el más fácil, y que todos los demás días que vendrían iban a ser mucho más difíciles, por eso mi mamá y papá tenían que descansar muy bien también.

El segundo día caminamos desde el río hasta el campamento base. Mi papá y mi mamá se turnaron y me llevaban en sus espaldas a cada rato. Por momentos descansamos y yo jugaba con Corbata. También hablé mucho con Mago, ya que el me cargó en su espalda cuando vió que mis papás estaban cansados. Me contó leyendas, cuentos e historias que me hacían reír.

The first day we stopped at a river when it was almost dark because I couldn't walk anymore, and I was very hungry. Then I found out that that day was the easiest, and that all the other days to come were going to be much more difficult, so my mom and dad had to rest very well too.

The second day we walked from the river to the base camp. My dad and mom took turns and carried me on their backs from time to time. At times we rested and I played with Tie. I also talked a lot with Mago, since he carried me on his back when he saw that my parents were tired. He told me legends, tales, and stories that made me laugh.

Cuando Mago me comienza a hablar me dice que estamos haciendo recorrido inigualable. Y me pregunta si al menos sabía por qué el monte se llama Roroima?. Le dije que no, que realmente no lo sé. ¿Tú lo sabes? Le pregunté. Él, al ser pemón, claro que sí sabía la respuesta. Y me la iba a contar. Esta es la leyenda que me contó el amigo pemón, Mago, y la que más me gustó de todas, es sobre el nombre de Roraima y es la siguiente:

Según Mago, el nombre de Roroima viene de dos palabras del idioma pemón, roro que significa 'verde-azulado' e ima que significa 'gran'. Es por esto que el Roroima se llama 'gran verde-azulado' o si quieres, 'gran madre verde-azulada'. Me gustó porque eso suena hermoso.

When Mago begins to speak to me, he tells us that we are making an incomparable journey. And he asks me if I at least knew why the mountain is called Roroima? I said no, I don't know. Do you know it? Asked. Being a Pemon, of course, he did know the answer. And he was going to tell me. This is the legend that the Pemón friend, Mago, told me and the one that I liked the most, is about the name of Roraima and it is the following:
According to Mago, the name of Roroima comes from two words from the Pemón language, roro which means 'blue-green' and ima which means 'great'. This is why the Roroima is called 'great blue-green' or if you want, 'great blue-green mother'. I liked it because that sounds beautiful.

¿Y por qué le llamamos madre? Pues, le llamamos madre porque ella es la que nos trae el agua. De ella nacen muchas cascadas y alimenta a todos los seres vivos que nos encontramos acá, incluyéndote, me decía Mago. Es por esto que la tenemos que cuidar, que respetar, que dejar limpia, pero por sobretodo, la tenemos que entender, ya que es la única madre que realmente tenemos.

Era ya el tercer día de nuestra aventura y todavía no habíamos llegado a la cima de la montaña Roraima. Decidimos comenzar a caminar apenas saliera el sol para aprovechar al máximo el clima.

Íbamos tranquilos parando para comer cuando queríamos y descansando bajo las sombras de los árboles. Cuando de repente nos damos cuenta que no tenemos agua y que nos quedan pocas frutas. Mago me dice, que fuera con él para recolectar fruta y agua. Mago me dijo que a esto nos referimos cuando me dicen que la montaña Roraima es nuestra madre, del río, beberemos agua. De aquellos árboles comeremos las frutas.

And why do we call him mother? Well, we call her mother because she is the one who brings us the water. From it, many waterfalls are born and it feeds all living beings that we find here, including you, Mago told me. This is why we have to take care of it, to respect it, to leave it clean, but above all, we have to understand it since it is the only mother we really have.

It was already the third day of our adventure and we had not yet reached the top of Roraima Mountain. We decided to start walking as soon as the sun came up to make the most of the weather. We went quietly stopping to eat when we wanted and resting under the shadows of the trees. When suddenly we realize that we don't have water and that we have a few fruits left. Mago tells me to go with him to collect fruit and water. Mago told me that this is what we mean when they tell me that the Roraima mountain is our mother, from the river, we will drink water. From those trees, we will eat the fruits.

Fui corriendo de un lado al otro buscando más y más frutas ya que tenía mucha hambre. Miré al río y vi mi reflejo, me agaché y con mi vaso, comencé a agarrar agua. Y ahí me acordé de mi amigo Hernán, aquél niño pemón que me había dicho que me iba a gustar la cima del Roraima, pero que iba a amar aún más el camino. Y es que ése día me di cuenta la importancia de la paciencia, y de lo grande que la naturaleza es. Realmente la montaña Roraima es nuestra madre.

I was running from one side to the other looking for more and more fruits since I was very hungry. I looked at the river and saw my reflection, I bent down and with my glass, I started to grab water. And there I remembered my friend Hernán, that Pemon boy who had told me that I was going to like the top of Roraima, but that I was going to love the road even more. And it was that day that I realized the importance of patience, and how great nature is. Roraima mountain is really our mother.

Al final del tercer día habíamos llegado a la cima del Roraima. Nunca había visto algo así. Mis padres no paraban de llorar porque estaban muy emocionados - y cansados también - y yo no podía dejar de sonreír. Finalmente estábamos acá, respirando el aire más puro del planeta. Yo caminaba y pensaba que yo era un dinosaurio, como cualquier dinosaurio que vivió allí hace millones de siglos. Y comprendí en ese preciso momento, que la vida se trata de ésto, de compartir momentos especiales y asombrosos con las personas que más amamos. Desde ese entonces no he parado de ir al Roraima, al contrario, es ahora mi segunda casa.

At the end of the third day, we had reached the top of Roraima. I had never seen anything like it. My parents kept crying because they were so excited - and tired too - and I couldn't stop smiling. We were finally here, breathing the purest air on the planet. I walked and thought that I was a dinosaur, like any dinosaur that lived there millions of centuries ago. And I understood at that precise moment, that life is about this, to share special and amazing moments with the people we love the most. Since then I have not stopped going to Roraima, on the contrary, it is now my second home.

Summary of the story

This story talks about Laura, a young girl who has learned to love nature since she was very young. The story is based on the experiences Laura had the first time she climbed the tepui mountain called Roraima, that is located between Venezuela and Brazil, and how the journey was during the first three days with her family (her mum and dad), her new friend Mago (and indigenous Pemón from Roraima) and his dog Corbata.

This story also makes a very big emphasis on the importance of taking care of nature, since it is what gives us the food and water that we eat and drink every day. The story also talks about Laura's family history since she comes from a family that is very active and loves to go for walks and to know all of their country of origin.

Resumen de la historia

Ésta historia habla sobre Laura, una chica joven que desde muy pequeña ha aprendido a amar a la naturaleza. La historia se basa en las experiencias de Laura la primera vez que subió la montaña tepuy que se llama Roraima que queda entre Venezuela y Brasil, y cómo fue el recorrido los primeros tres días junto a su familia (su mamá y su papá) y su nuevo amigo Mago (un indígena pemón del Roraima) y su perro Corbata.

La historia hace un énfasis muy grande en la importancia del cuidado de la naturaleza, ya que ella es la que nos proporciona la comida y el agua que comemos y bebemos todos los días. También habla sobre la historia familiar de Laura ya que ella viene de una familia que es muy activa y a la que le encanta salir a pasear y conocer todo su país de origen.

Vocabulary of the story

Ningún otro lugar: no other place.

Ésa vez que fuiste: that time you went.

Por ende: thus.

Miles de millones de años: thousands of years.

Mochileros y mochileras: backpackers (male and female).

Travesía: crossing.

Se dice: it has been said.

Se han extinguido: have extinguished.

Descuidada: careless.

Ciudad montañosa: mountainous city.

Pueden creerlo: Can you believe it?

Calentamiento global: global warming.

Me encanta escalar: I love to climb.

He estado subiendo: I have been going up.

Iba y venía: come and go (in the past tense)

Ha navegado: has sailed.

Ha nadado: has swum.

En cambio: instead.

Ha vivído: has lived.

Pueblos remotos: remote villages.

Ha podido practicar: she has been able to practise.

Nevada: snowfall.

Me adelanté: I got ahead.

Las cuatro estaciones: four seasons.

Temporadas: seasons.

Lluvias: rains.

Sequía: drought.

Volviendo al tema: going back to the subject.

Querían que yo fuera: They wanted me to go.

A punto de hacer: about to do.

¿Cómo se van a llevar?: How are you going to take?

Viejo: oldman.

Se ha dado cuenta: you have realized.

Carguen: (they) carry.

Canse (verbo cansar): (she) gets tired.

¿Has visto?: Have you seen?

Como si fuese: as if it was.

Estaba emocionada: She is excited.

De repente: All of the sudden.

La pasé genial: I had a great time.

Pemones indígenas: indigenous pemones.

Han subido muchas veces: they have gone up many times.

Se llama: his name is.

Todo lo que iba a ver: Everything I will see.

Me pidió: (he) asked me.

Siempre dar las gracias: always give thanks.

Lo dejé pasar: (I) let it pass.

Apenas salió el sol: as soon as the sun came out.

Armé mi pequeña mochila: I put together my small backpack.

No podemos subir solas: we can't go up by ourselves.

Que venga del lugar: that comes from the place.

Se nos sumó: (he) added to us/he joined us.

Ya casi: almost.

Mucha hambre: very hungry.

Días que vendrían: days ahead.

Por eso: that's why.

El me cargó en su espalda: He carried me on his back.

Que me hacían reír: that would make me laugh.

Inigualable: unparalleled.

Al menos: at least.

La que más me gustó: the one I liked the most.

Viene de: comes from.

Es por esto que: this is why.

De ella nacen: from her are born.

Cascadas: waterfalls.

Todos los seres vivos: all living beings.

La tenemos que cuidar: we have to take care of her.

Por sobretodo: above all.

Cima de la montaña: mountain summit.

Apenas: barely.

Para aprovechar: to take advantage.

Ibamos tranquilos: we were calm.

Descansando bajo las sombras de los árboles: resting under the shadow of the trees.

Nos damos cuenta: we realize.

Fuera con él: to go with him.

A esto nos referimos: this is what we talk about.

Vi mi reflejo: I saw my reflection.

Me agaché: I bent down.

Que me había dicho: that had told me.

Exercises:

Questions about the story / Preguntas

1. ¿En dónde se encuentra el Monte Roraima?

1. En Venezuela.

2. En Brasil.

3. En Venezuela y Brasil.

2. ¿Cuántos años tiene el Monte Roraima?

1. 1000 años.

2. 2000 años.

3. 500 años.

3. ¿Cómo se llama el amigo Pemón de Laura?

1. José.

2. Hernán.

3. Corbata.

4. ¿Qué significa el nombre Roroima según la historia de Mago?

1. Gran madre Verde-azulada.

2. Gran corriente de agua.

3. Cascadas gigantes.

5. ¿Qué le gustó más a Laura de su aventura?

1. La cima del Roraima.

2. El recorrido del Roraima.

3. Las frutas del Roraima.

Answers / Soluciones

1. C.

2. B.

3. B.

4. A.

5. B.

Chaper 16. Los Hoteles del Centro son Más Caros / The Hotels Downtown are More Expensive

Parte 1

Raúl Lanza está planeando una visita a Barcelona con su esposa y dos hijos adolescentes. No está seguro si quiere quedarse en un hotel grande o en uno más pequeño. Será su primer viaje a España. Su esposa ha estado antes y está recomendando una pequeña posada cerca de Barcelona. Raúl llama a la posada para ver si tienen habitaciones disponibles cuando él y su familia estarán allí. Habla con la dueña de la posada, Gabriela.

Raúl: Hola, estaré en España del 7 al 15 de junio. ¿Tienen habitaciones disponibles?

Gabriela: Tengo habitaciones disponibles esos días. ¿Necesitas una habitación individual o una habitación doble?

Raúl: Necesito una habitación para mi esposa y yo, y tenemos un niño y una niña de 15 y 16 años. ¿Tienes dos habitaciones para nosotros?

Gabriela: Si. Tenemos dos habitaciones una al lado de la otra.

Raúl: ¿Hay baños en las habitaciones?

Gabriela: Si. Hay un baño con ducha en cada habitación.

Raúl: Gracias. Me gustaría reservar las dos habitaciones.

Gabriela: Si señor. Tengo que llegar el 7 de junio, salir el 15 de junio. El check-in es a las 3:00 pm y el check-out es a las 12:00 pm. ¿Necesitarás transporte desde el aeropuerto?

Raúl: No, gracias. Voy a alquilar un auto.

******

Raul Lanza is planning a visit to Barcelona with his wife and two teenage children. He is not sure if he wants to stay in a large hotel or a smaller one. It will be his first trip to Spain. His wife has been before and is recommending a small inn near Barcelona. Raul calls the inn to see if they have any rooms available when he and his family will be there. He talks to the owner of the inn, Gabriela.

Raul: Hello, I will be in Spain from June 7 through June 15. Do you have any rooms available?

Gabriela: I have rooms available on those days. Do you need a single room or a double room?

Raul: I need a room for my wife and me and we have a boy and a girl who are 15 and 16 years old. Do you have two rooms for us?

Gabriela: Yes. We have two rooms following to each other.

Raul: Are there bathrooms in the rooms?

Gabriela: Yes. There is a bathroom with a shower in each room.

Raul: Thank you. I would like to book the two rooms.

Gabriela: Yes, sir. I have you arriving on June 7, checking out on June 15. Check-in is at 3:00 pm and Check-out is at 12:00 pm. Will you need transportation from the airport?

Raul: No, thank you. I am going to rent a car.

Parte 2

Cuando Raúl y su familia llegan al aeropuerto de Barcelona, Raúl localiza el mostrador de alquiler de vehículos. Hay un joven detrás del mostrador con una etiqueta con su nombre. Se llama Félix.

Félix: Buenas tardes, señor. ¿Tiene una reserva?

Raúl: Si. Aquí es mi número de reserva.

Félix: Gracias señor. ¿Te gustaría una actualización a un descapotable? El clima será perfecto.

Rogelio: Sí papá. Consigue el descapotable. Será mejor que un simple sedán.

Raúl: ¿Qué piensas, esposa?

Jenni: Suena divertido.

Félix: Bien. Hay un servicio de transporte a su automóvil que sale en treinta minutos. Vamos a ponerte en camino.

*****

When Raul and his family arrive at the airport in Barcelona, Raul locates the car rental counter. There is a young man behind the counter wearing a nametag. His name is Felix.

Felix: Good afternoon, sir. Do you have a reservation?

Raul: Yes. Here is my reservation number.

Felix: Thank you, sir. Would you like an upgrade to a convertible? The weather will be perfect.

Rogelio: Yes, Dad. Get the convertible. It will be better than a plain sedan.

Raul: What do you think, wife?

Jenni: It sounds like fun.

Felix: Good. There is a shuttle to your car leaving in thirty minutes. Let's get you on your way.

Parte 3

La familia está toda en el auto. Por suerte, pueden meter todo su equipaje en el maletero. Todos los coches son pequeños en España. Comienzan el viaje a la posada.

Raúl: Gracias a Dios, el coche de alquiler está equipado con navegación.

Jenni: Lo sé. No tengo idea de cómo llegar a la posada. Tenemos unas horas antes del check-in. La navegación dice que tomará una hora.

Raúl: Si es demasiado temprano para registrarse, podemos dejar nuestras maletas en la posada y encontrar un lugar para cenar. Estoy empezando a tener hambre.

Rogelio: Yo también. Han pasado horas desde que comimos.

Rocio: Siempre tienes hambre.

Jenni: Puede que tengamos que esperar hasta que abran los restaurantes. Creo que puede ser la siesta. Aquí, toma algunas almendras. Vamos a comer pronto

La familia continúa siguiendo la navegación. Cuando se acercan al hotel, lo que su esposa predijo es cierto, casi todo está cerrado. Es siesta.

Raúl: Jenni, ¿tienes un sándwich en tu bolso? Tengo mucha hambre ahora.

Jenni: Mientras llenabas formularios para alquilar el auto, pude comprar jamón y queso en el aeropuerto.

Raúl: Buen pensamiento. Busquemos un parque para sentarnos y comer.

******

The family is all in the car. Luckily, they are able to fit all their luggage in the trunk. All cars are small in Spain. They start the drive to the inn.

Raul: Thank goodness the rental car is equipped with navigation.

Jenni: I know. I have no idea how to get to the inn. We have a few hours before check-in. The navigation says it will take one hour.

Raul: If it is too early to check in, we can leave our bags at the inn and find a place to dine. I am getting hungry.

Rogelio: Me too. It has been hours since we had a meal.

Rocio: You are always hungry.

Jenni: We may have to wait until the restaurants open. I believe it may be siesta. Here, have some almonds. We will eat soon.

The family continues to follow the navigation. As they near the hotel, what his wife predicted is true, most everything is closed. It is siesta.

Raul: Jenni, do you have a sandwich in your bag? I am very hungry now.

Jenni: While you were filling out forms to rent the car, I was able to buy ham and cheese at the airport.

Raul: Good thinking. Let's find a park to sit and eat.

Parte 4

La familia se sienta, come y disfruta del cálido sol. Raúl y Jenni disfrutan de las montañas que los rodean, pero sus hijos prefieren la ciudad.

Rogelio: Me gustan las montañas, pero la ciudad es mejor.

Rocío: La arquitectura de la ciudad es maravillosa y hay tanta gente. Es vibrante Volvamos mañana para ir de compras. Tal vez podamos ir al museo.

Jenni: Haremos todo eso. Primero, es hora de registrarse en la posada. Ya casi es hora.

Raúl: Ahora que he comido, me gustaría una siesta.

Rogelio: ¡Papá! Estamos de vacaciones. Vamos a ir de excursión en su lugar.

Jenni: No te preocupes, Raúl. Puedes dormir en el avión cuando volvamos a casa.

******

The family sits and eats and enjoys the warm sun. Raul and Jenni are enjoying the mountains around them, but their children prefer the city.

Rogelio: I like the mountains, but the city is better.

Rocio: The architecture of the city is wonderful and there are so many people. It is vibrant. Let's go back tomorrow for shopping. Maybe we can go to the museum.

Jenni: We will do all of that. First, it's time to check into the inn. It is nearly time.

Raul: Now that I have eaten, I would like a nap.

Rogelio: Dad! We are on vacation. Let's go hiking instead.

Jenni: Don't worry, Raul. You can sleep on the plane when we go home.

Resumen de la historia

Una familia viaja a Barcelona. Se quedan en una pequeña posada aproximadamente una hora de la ciudad. Alquilan un coche para conducir hasta la posada, pero no pasa nada en el pueblo más pequeño porque es hora de la siesta. La familia se detiene para comer la comida que la madre ha traído con ella y disfrutan del paisaje hasta que es hora de registrarse en la posada.

Summary of the story

A family travels to Barcelona. They are staying at a small inn about an hour from the city. They rent a car to drive to the inn but there is nothing happening in the smaller town because it is time for siesta. The family stops to eats food the mother has brought with her and they enjoy the scenery until it is time to check into the inn.

Vocabulary of the story

Spanish	Pronunciation	English
abrir	ah-breer	to open
acercarse	ah-sayr-car-say	to get nearer
almendras	all-men-drahs	almonds
alquilar un auto	ah-key-lar un ow-toe	rent a car
baño con ducha	bahn-yo cone doo-cha	bathrooms with shower
bolso	bowl-so	bag
cenar	say-nar	to dine
comer	ko-mair	to eat
comprar	com-prahr	to buy
demasiado temprano	day-mah-zee-ah-do tem-prahn-oh	too early
descapotable	des-cah-poh-tah-blay	convertible (car)
disfrutar del cálido sol	dis-froo-tar dell cah-lee-doh	to enjoy the warm sun

	sole	
dormir	door-meer	to sleep
equipaje	ee-kip-ah-hay	luggage
equipar	ee-kip-arr	to equip
estar cerrado	eh-star sair-rah-doh	to be closed
etiqueta	eh-tee-kay-tah	nametag
gustar reservar	goo-star reh-ser-var	to like to reserve
habitaciones disponibles	ah-bee-tah-see-oh-nays dees-pone-nee-blaze	available rooms
hacer	ah-sair	to make, do
hijos	ee-hoes	children
ir de compras	eer day cohm-prahs	to go shopping
jamón y queso	ham-ohn ee kay-soh	ham and cheese
llamar	yah-mar	to call, to be called
llegar	yay-gar	to arrive
llenar formularios	yay-nahr for-moo-lar-ee-os	to fill out forms
maletero	mah-let-air-oh	car trunk
meter	meh-tair	to put
mostrador de alquiler de vehículos	mow-strahr day al-key-lair day vee-ick-u-los	car rental counter
pensar	pen-sahr	to think
ponerte en camino	poh-nayer-tay in cam-ee-noh	to get you on your way

posada	poh-sah-dah	inn
preocuparse	pray-occ-ooh-par-say	to be worried
rodearse	roh-dee-ar-say	to surround
servicio de transporte	sayer-vee-see-oh day trans-port-tay	shuttle
tanta gente	tahn-tah hen-tay	a lot of people
tener que esperar	ten-air kay ess-pair-rahr	to have to wait
transporte desde el aeropuerto	trans-por-tay des-day el air-o-pwair-toe	transportation from the airport
viaje	vee-ah-har	to travel
volver	vole-vair	to return

Exercises:

Questions about the story / Preguntas

    1. ¿A dónde va la familia?

    a. Sevilla

    b. Monte Carlo

c. Barcelona

  2. ¿ Cómo llegó la familia a la posada?

a. Coche

b. Tren

c. Autobús

  3. ¿Qué come la familia in el parque?

a. Tacos

b. Helados

c. Jamón

Answers / Soluciones

1. c

2. a

3. c

Chaper 17. La Boda de Alejandro/Alejandro's Wedding

Parte 1

Mi mejor amigo, Alejandro, se va a casar. Es un día muy emocionante para él. Alejandro y yo nos conocemos desde hace muchos años. Fuimos a la escuela juntos desde que teníamos 5 años. Conozco a la familia de Alejandro y conozco a la novia, Christina, pero no conozco a su familia en absoluto. Espero conocerlos antes de la cena.

Aquí viene una mujer con un gran vestido rosado. Ella se ve amigable; Saludaré.

******

My best friend, Alejandro, is getting married. It is a very exciting day for him. Alejandro and I have known each other for many years. We went to school with each other from the time we were 5 years old. I know Alejandro's family and I know the bride, Christina, but I do not know her family at all. I hope to meet them before dinner.

Here comes a woman in a big pink dress. She looks friendly; I will say hello.

Parte 2

Eduardo: Hola, me llamo Eduardo. Soy el mejor hombre.

Camila: Hola. Soy Camila. Soy una dama de honor. Soy amiga de Camila. Nos conocimos en la universidad. Fuimos compañeros de cuarto durante 3 años.

Camila: No, vivo en el norte. Conduje 6 horas para llegar aquí. Christina y yo nos vemos varias veces al año porque los dos somos contadores.

Eduardo: Bien. ¿Estás casado?

Camila: No. No estoy saliendo ahora. Estoy ocupada con el trabajo y yendo a bodas.

Eduardo: Siento lo mismo. Cada poco mes hay una boda. Bodas grandes, bodas pequeñas y todo lo demás.

*****

Eduardo: Hello, my name is Eduardo. I am the best man.

Camila: Hi. I am Camila. I am a bridesmaid. I am a friend of Camila. We met at the university. We were roommates for 3 years.

Camila: No, I live in the north. I drove for 6 hours to get here. Christina and I see each other several times a year because we are both accountants.

Eduardo: Good. Are you married?

Camila: No. I'm not dating now. I am busy with work and going to weddings.

Eduardo: I feel the same. Every few months there is a wedding. Big weddings, small weddings and everything in between.

Parte 3

Mientras Eduardo y Camila conversaban, otros miembros de la boda se acercaron a ellos. Eduardo se dio cuenta por los grandes vestidos rosados.

Marta: Hola, Camila.

Luego Se volvieron hacia Eduardo.

Marta: Soy Marta, la hermana de Christina, y esta es su hermana Josefina.

Eduardo: Hola, señoritas. Tengo que decir que todos se ven preciosos en rosa. Soy Eduardo, amigo del novio.

Marta: Eso lo sabemos. Estás usando un esmoquin.

Eduardo: Si. Soy. Pero también lo son Juan y Diego. ¡Lo sé! Soy el apuesto padrino de boda. Así es como sabes quién soy.

Camila: ¡Ay, Eduardo! Usted es tan guapo. Ahora ve a buscar al novio. Es hora de una boda.

******

While Eduardo and Camila talked, other members of the wedding approached them. Eduardo noticed the great pink dresses.

Marta: Hi, Camila.

Then they turned to Eduardo.

Marta: I'm Marta, Christina's sister, and this is her sister Josefina.

Eduardo: Hello, ladies. I have to say that everyone looks gorgeous in pink. I'm Eduardo, a friend of the groom.

Marta: We know that. You are wearing a tuxedo.

Eduardo: Yes. I am. But so are Juan and Diego. I know! I am the handsome groomsman. This is how you know who I am.

Camila: Oh, Eduardo! You are so handsome. Now go find the groom. It's time for a wedding.

Parte 4

Mientras Eduardo caminaba por la iglesia, vio a la madre y al padre de la novia y decidió presentarse.

Eduardo: Hola, soy Eduardo. ¡Felicitaciones por la boda de tu hija!

Rafael: "Hola Eduardo. Soy Rafael y esta es mi esposa Laura. Hemos escuchado muchas cosas buenas sobre ti. Es un placer conocerte finalmente.

Los hombres se dieron la mano y Laura le dio un abrazo a Eduardo.

Eduardo: Estoy muy feliz de conocerte. Christina es una persona hermosa, como su madre.

Laura: Oh, eres un hombre dulce. Ve a tu lugar al lado de Alejandro. Es hora de que comience la boda. Entonces veremos cómo hermosa es Christina.

Eduardo: Si. ¡Es un gran día para una boda!

******

While Eduardo walked through the church, he saw the mother and father of the bride and decided to introduce himself.

Eduardo: Hi, I'm Eduardo. Congratulations on your daughter's wedding!

Rafael: "Hi Eduardo. I am Rafael and this is my wife Laura. We have heard many good things about you. It's nice to finally meet you.

The men shook hands and Laura gave Eduardo a hug.

Eduardo: I am very happy to meet you. Christina is a beautiful person, like her mother.

Laura: Oh, you're a sweet man. Go to your place beside Alejandro. It's time for the wedding to begin. Then we will see how beautiful Christina is.

Eduardo: Yes. It is a great day for a wedding!

Resumen de la historia

Un hombre asiste a la boda de su mejor amigo. Conoce a las hermanas y primos de las novias. También conoce a los padres de la novia. No los ha conocido antes y quiere conocer a la familia que formará parte de la vida de su amigo.

Summary of the story

A man is attending the wedding of his best friend. He meets the brides' sisters and cousins. He also meets the bride's parents. He has not met them before and he wants to meet the family that will be a part of his friend's life.

Vocabulary of the story

Spanish	Pronunciation	English
abrazo	ah-brah-tho	hug
boda	bo-dah	wedding
casarse	kah-sar-say	to get married
comenzar	ko-men-sar	to begin
compañeros de cuarto	kom-pahn-yeh-rohs day kwar-toh	roommates

conducir	kohn-doo-seer	to drive
conocer	ko-noh-sayr	to know (a person)
contadores	kohn-tay-dorh-ays	accountants
dama de honor	dah-mah day ohn-or	bridesmaid
dar la mano	dahr lah mah-noh	shake hands
escuela	ess-kwah-lah	school
esmoquin	es-moh-keen	tuxedo
esposa	eh-spo-sah	wife
estar saliendo	a-star sah-lee-in-doh	to be dating
hermano	air-mah-noh	sister
iglesia	ee-glay-see-yah	church
ir	eer	to go
llamarse	yah-mar-say	to be called
marido	mar-ee-doh	husband
mejor hombre	may-hore ohm-bray	best man
novia	no-vee-ah	bride
novio	no-vee-oh	groom

presentarse	preh-sen-tar-say	introduce oneself
rosado	roh-sah-doh	pink
vestido	bes-stee-doh	dress

Exercises:

Questions about the story / Preguntas

1. ¿De qué color son los vestidos de dama de honor?

    a. amarillo

    b. rosado

    c. rojo

2. ¿Dónde conoció Camila a la novia?

    a. la universidad

    b. un disco

    c. al trabajo

3. ¿Cómo se relaciona Laura con la novia?

    a. su prima

    b. su amigo

    c. su madre

Answers / Soluciones

    1. b

    2. a

    3. c

Chaper 18. Los Zapatos Nuevos del Rey Azucar

En el más estrafalario de los reinos, vive el más loco de los reyes. Le dicen el Rey Azúcar y no es precisamente un rey muy dulce y cariñoso. Todo lo contrario. Es cínico y fastidioso, atolondrado y paranoico. El apodo de Rey Azúcar se lo pusieron porque es un demente fanático de la azúcar. En las torres de su castillo, tenía toneladas de montañas de azúcar y su jardín estaba decorado con esculturas hechas de azúcar. Pero todo este delirio por el azúcar tenía un plan macabro, maquiavélico y muy bien orquestado que nadie sospechaba.

In the most bizarre of kingdoms lived the craziest of kings. They called him the Sugar King, and he was not exactly a very sweet and affectionate king. It's quite the opposite. He was cynical, fastidious, stunned, and paranoid. The nickname of Sugar King was given because he is an insane sugar fan. On the towers of his castle, he had tons of mountains of sugar, and his garden was decorated with sculptures made of sugar. But all this delirium for sugar had a macabre, Machiavellian, and well-orchestrated plan that no one suspected.

Todo lo que el rey hacía, el pueblo lo copiaba. Todo lo que el rey quería, el pueblo lo quería también. La malévola mente del rey conocía las propiedades adictivas y dañinas del azúcar. Sabía que creaba dependencia y con el tiempo te debilita la salud. El rey quería volver a las personas dependiente del azúcar para tenerlos más sumisos y sin fuerzas para que el pueblo no pueda sublevarse. Llegó incluso a no pedir impuestos por el consumo de azúcar para que fuera accesible para todo el pueblo Celeste. La consumieran en cantidades industriales, teniéndolos así dopados y agotados.

Everything the king did, the people copied. Everything the king wanted, the people wanted, too. The evil mind of the king knew the addictive and harmful properties of sugar. He knew it created dependency, and, over time, your health is weakened. The king wanted to have the people dependent on sugar, so they would be more submissive and without strength and could not revolt. He did not even ask for taxes for the consumption of sugar so that it would be accessible to all the celestial people. They consumed it in industrial quantities, thus having them doped and exhausted.

El día del baile de máscaras el rey anunció que convocaría un concurso para que aquel que lograse fabricar unos zapatos completamente hechos de azúcar se ganaría 100 doblones de oro. Todos los zapateros, escultores, talabarteros, agricultores y albañiles se lanzaron a buscar kilos y kilos de azúcar para construir esos zapatos ganar el torneo y salir de la pobreza. Las cosas nos salieron como las esperaba el rey. La noticia del torneo de los zapatos de azúcar se extendió por todo el reino, cruzó valles y montañas, arrecifes y cordilleras, hasta que llegó a los oídos de los bandidos más queridos del reino, los bandidos alegres del bosque.

On the day of the masquerade ball, the king announced that he would call a contest so that whoever managed to make shoes made entirely of sugar would win 100 gold doubloons. All the shoemakers, sculptors, saddle-makers, farmers, and masons set out to find kilos and kilos of sugar to build those shoes, win the tournament, and get out of poverty. Things went as expected by the king. The news of the sugar shoe tournament spread throughout the kingdom and crossed the valleys and mountains, cliffs, and mountain ranges until it reached the ears of the most beloved bandits in the kingdom, the cheerful bandits of the forest.

Que en ese momento se encontraban bailando sobre los árboles y cantando alrededor del fuego de una fogata, estos bandidos astutos inteligentes y audaces se dieron cuenta enseguida que ese torneo era una trampa. Por lo que idearon un divertido plan para desprestigiar al Rey Azúcar y ponerlo al descubierto frente al pueblo. Bobby Jim, el Gran Bob, Lariza Linda, Pipo Pool y Floco el Loco eran los integrantes de los bandidos alegres, pícaros y jocosos se fueron al palacio real - disfrazados de humildes trabajadores del pueblo al servicio del Rey azúcar - con la única misión de desbaratarle la fiesta a la monarquía.

At that time, they were dancing in the trees and singing around the fire. These clever, intelligent, and daring bandits immediately realized that this tournament was a trap. So they devised a fun plan to discredit the Sugar King and expose him in front of the people. Bobby Jim, the Great Bob, Lariza Linda, Pipo Pool, and Floco el Loco were the members of the happy and rogue bandits. They went to the royal palace—disguised as humble workers of the town at the service of the Sugar King—with the only mission of breaking up the party of the monarchy.

Bobby Jim: Vamos a darle a este azucarado una cucharada de su propia golosina! Cuando se de cuenta de lo que le pasó, ya tendrá toneladas de pirámides de azúcar en su patético cuello!

El Gran Bob: Se va a defecar en sus nobles ropajes como un bebé!

Lariza Linda: Tenemos años esperando una oportunidad para dar el golpe definitivo!

Pipo Pool: Le vamos a dar un susto que será un gusto para nosotros!

Floco el Loco: Cinco, seis, siete, ocho! Esta vez el rey quedará mocho!

Cuando los bandidos alegres llegaron, ya había cientos de miles de personas paradas frente a la puerta del palacio esperando entrar al tan esperado torneo.

Cuardia Real: Gente de pueblo Celeste! Reciban al único al magnánimo al omnipoderoso! Su majestad el Rey Azúcar!

Bobby Jim: "Let's give this sugary spoonful his own medicine! When you realize what happened to you, you will already have tons of sugar pyramids on your pathetic neck!"

The Great Bob: "He is going to defecate in his noble clothes like a baby!"

Lariza Linda: "We have been waiting for an opportunity for the final blow!"

Pipo Pool: "We are going to give you a scare that will be a pleasure for us!"

Floco el Loco: "Five, six, seven, eight! This time, the king will be wet!"

When the happy bandits arrived, there were already hundreds of thousands of people standing in front of the palace gate, waiting to enter the long-awaited tournament.

Royal Guard: "People of Celestial town! Receive the only magnificent and all-powerful! His majesty, the Sugar King!"

Con una corte de guardias, doncellas y soldados, el Rey Azúcar hizo su aparición luciendo una corona hecha de azúcar bañada en miel.

Rey Azúcar: Como sabréis, queridos súbditos, el día de hoy os he convocado para pedidle la hazaña de que os pongáis creativos. Para presentarme el mejor diseño de zapatos hechos completamente de azúcar. Pero antes, os tengo un regalo. Guardias! Soltad los galones de azúcar que os daré de cortesía.

Antes de que los guardias cumplieran la orden del rey, los bandidos alegres gritaron todos al mismo tiempo,

Cinco, seis, siete, ocho! Esta vez el rey quedará mocho!

With a court of guards, maidens, and soldiers, the Sugar King made his appearance, wearing a crown made of sugar dipped in honey.

Sugar King: "As you know, dear subjects, today, I have summoned you to ask you for the feat of becoming creative—to introduce me to the best design of shoes made entirely of sugar. But first, I have a gift. Guards! Release the gallons of sugar that I will give you as a courtesy."

Before the guards fulfilled the king's order, the happy bandits shouted all at the same time,

"Five, six, seven, eight! This time the king will be wet!"

Al gritar esta consigna aparecieron, diez arqueros montados en sus caballos, desplegando una lluvia de flechas hacia los sacos de azúcar. Enormes troncos de madera caían lanzados desde las torres donde estaban ubicados los demás miembros de los bandidos alegres. Estos troncos se estrellaban contra los grandes jarrones donde escondían toda la comida que le negaban al pueblo. Hermosas bailarinas exóticas seducían a los guardias y soldados para distraerlos y Bobby Jim le habló al pueblo, alertando de lo que pasaba mientras se batía a duelo de espadas con un teniente de la armada.

When shouting this slogan, ten archers appeared and mounted on their horses, displaying a rain of arrows toward the sacks of sugar. Huge wooden logs fell from the towers where the other members of the happy bandits were located. These trunks crashed into the large containers where they hid all the food they denied the people. Beautiful exotic dancers seduced the guards and soldiers to distract them, and Bobby Jim spoke to the people, alerting what was happening while fighting with a sword with a lieutenant in the army.

Bobby Jim: Despierten! No se dejen engañar! El azúcar es un veneno lento que los va matando de a poquito! Los quieren enfermos! Los quieren sumisos! Los quieren pagando! Los quieren sin criterio! Los quiere muertos en vida! Los quieren...no los quieren!

La revuelta se armó enseguida y empezó una gran batalla en la que el Rey Azúcar intentó escapar pero fue interceptado por Floco el Loco que usando una capa roja lo fue toreando y gritandole,

Ajá toro! Quieto toro! Aquí nos pagas años de impuestos y torturas!

Bobby Jim: "Wake up! Do not be fooled! Sugar is a slow poison that kills you little by little! They want you sick! They want you submissive! They want you paying! They want you without judgment! He wants you dead in life! They want you—you don't want them!"

The revolt began a great battle where the Sugar King tried to escape but was intercepted by Floco el Loco wearing a red cape and was bullfighting and shouting at him.

"Aha bull! Still bull! Here, you pay us for years of taxes and torture!"

Dicho esto lo bañó de azúcar miel y jalea. Luego llegó Lariza Linda con una canasta de mimbre que al abrirla salieron miles de abejas y avispas que atraídas por el dulce olor de la miel azucarada se le lanzaron de clavado al rey - que ya no parecía de azúcar sino de cianuro. Al terminar la rebelión, los bandidos alegres le arrojaron un montón de cáscaras de huevo en la cara diciéndole,

Aquí están sus zapatos nuevos rey del colesterol!

With that said, he showered him with honey and jelly. Then Lariza Linda arrived with a wicker basket that she opened, and thousands of bees and wasps, attracted by the sweet smell of sugary honey, were thrown onto the king that no longer looked like sugar but cyanide. When the rebellion ended, the happy bandits threw a bunch of eggshells on his face saying:

"Here is your new cholesterol, King Shoes!"

Vocabulary of the story

abeja (ah-beh-hah) Feminine noun - bee

albañil (ahl-bah-ngeel) Masculine or Feminine noun - builder

arrecife (ah-rreh-see-feh) Masculine noun - cliff

astuto (ahs-too-toh) Adjective - cunning

audaces (ow-dah-sehs) Adjective - daring, audacious

avispa (ah-bees-pah) Feminine noun - wasp

baile de máscaras (bah-yeh deh mahs-kah-rahs) Masculine noun - masquerade

cariñoso (kah-ree-nyoh-soh) Adjective - affectionate

cianuro (syah-noo-roh) Masculine noun - cyanide

clavado (klah-bah-doh) Adjective - fixed

convocaría (kohm-boh-kahr-ee-ah) Transitive verb - I would call

copiaba (koh-pyah-bah) Transitive verb - copied

cordillera (kohr-dee-yeh-rah) Feminine noun - a mountain range

corona (koh-roh-nah) Feminine noun - crown

cortesía (kohr-teh-see-ah) Feminine noun - courtesy

criterio (kree-teh-ryoh) Masculine noun - criterion

cucharada (koo-chah-rah-dah) Feminine noun - spoonful

dañina (dah-nyee-noh) Adjective - danger

delirio (deh-lee-ryoh) Masculine noun - delirium

demente (deh-mehn-teh) Adjective - lunatic

Despierten (dehs-pehr-tehn) Phrase - Wake up!

desplegando (dehs-pleh-gahn-doh) Transitive verb - to unfold

desprestigiar (dehs-prehs-tee-hyahr) Transitive verb - to discredit

distraerlos (dees-trah-ehr-lohs) Transitive verb - to distract

doblones de oro (deh-bloo-nehs dey oh-roh) Masculine noun - gold doubloons

dopados (doh-pah-dohs) Transitive verb - to dope

engañar (ehng-gah-nyahr) Transitive verb - to deceive

estrafalario (ehs-trah-fah-lah-ryoh) Adjective - eccentric

fastidioso (fahs-tee-dyoh-soh) Adjective - annoying

galones (gah-lohn-ehs) Plural noun - gallons

hazaña (ah-sah-nyah) Feminine noun - feat

impuesto (eem-pwehs-toh) Masculine noun - tax

jalea (hah-leh-ah) Feminine noun - jelly

jarrones (hah-rrohn-ehs) Plural noun - containers

jocoso (hoh-koh-soh) Adjective - humorous

magnánimo (mahg-nah-nee-moh) Adjective - magnanimous

majestad (mah-hehs-tahd) Feminine noun - majesty

malévola (mah-ley-boh-lah) Adjective - malevolent

miel (myehl) Feminine noun - honey

mimbre (meem-breh) Masculine or Feminine noun - wicker

mocho (moh-choh) Adjective - wet

omnipoderoso (ohm-nee-poh-dehr-oh-soh) Adjective - all powerful

orquestado (ohr-kehs-tah-doh) Transitive verb - to orchestrate

paranoico (pah-rah-noy-koh) Adjective - paranoid

pedidle (peh-dih-dull) Transitive verb - to ask for

pícaro (pee-kah-roh) Adjective - rogue

pongáis (pohn-gyahs) Transitive verb - you put

reino (rrey-noh) Masculine noun - kingdom

súbdito (soob-dee-toh) Masculine or Feminine noun - subject, people under the rule of a king

sublevarse (soo-bleh-bahr-seh) Pronominal verb - to rise up

sumisos (soo-mees-sohs) Transitive verb - obedient

talabartero (tah-lah-bahr-teh-roh) Masculine or Feminine noun - saddler, harness maker

tonelada (toh-neh-lah-dah) Feminine noun - ton

toro (toh-roh) Masculine noun - bull

Questions about the story / Preguntas

¿Cual es el nombre del pueblo?

1) Villavicencio

2) San Andresito

3) Celeste

¿Cual era la frase de Floco el Loco?

1) los mirones son de palo

2) cinco, seis, siete, ocho esta vez el rey quedará mocho

3) la tormenta llegó

¿Cómo era la corona del rey?

1) de azúcar bañada con miel

2) de oro y diamantes

3) de plumas y plata

Answers / Soluciones

3, 2, 1

Chapter 19. Restaurant Favorito – My favorite restaurant

Mi restaurante favorito se llama "Las Delicias". Es un restaurante pequeño que está en mi colonia. La especialidad de la casa es la comida casera. Las especialidades son arroz con pollo y empanadas con queso. Estas comidas son exquisitas. Puedo comerlas todos los días. Son perfectas para desayuno, almuerzo y cena.

My favorite restaurant is called "Las Delicias". It is a small restaurant that is in my neighborhood. The house specialty is homemade food. The specialties are chicken rice and cheese empanadas. These meals are delicious. I can eat them every day. They are perfect for breakfast, lunch, and dinner.

Usualmente como frutas y cereal en el desayuno. No como mucho. Pero sí lo suficiente para tener una mañana productiva. Algunas veces, como yogurt con granola, o un sándwich con jamón light. También como una taza de café. Hago el desayuno alrededor de las seis de la mañana.

Durante la mañana, hago una merienda alrededor de las diez de la mañana. Por lo regular, como fruta, como una manzana, o una barra de granola. Me tomo otra taza de café o quizá un jugo de frutas. Trato de comer lo necesario.

I usually eat fruit and cereal for breakfast. I do not eat a lot. But yes enough to have a productive morning. Sometimes like yogurt with granola, or a sandwich with light ham. Also as a cup of coffee. I make breakfast around six in the morning.
During the morning, I have a snack around ten in the morning. Usually like fruit, like an apple, or a granola bar. I have another cup of coffee or maybe a fruit juice. I try to eat what is necessary.

En el almuerzo como bastante. Dependiendo del día, como pollo o carne, con vegetables y una pasta. Me gusta comer bastante en el almuerzo porque como poco en la cena. Mi cena es normalmente un poco de frutas, un té, pan, un sándwich, o una sopa. No me gusta comer mucho antes de dormir.

Los fines de semana, voy con mis amigas a otro tipo de restaurantes. El restaurante, "La Mejor" sirve un menú increíble. Primero, sirven la entrada. La entrada es una pequeña ensalada o una sopa. Prefiero la ensalada, aunque la sopa también es muy buena.

At lunch, I eat enough. Depending on the day, like chicken or meat, with vegetables and pasta. I like to eat a lot at lunch because I eat a little at dinner. My dinner is usually some fruit, tea, bread, sandwich, or soup. I don't like to eat much before sleeping.
On weekends, I go with my friends to other types of restaurants. The restaurant, "La Mejor" serves an incredible menu. First, they serve the entrance. The entrance is a small salad or soup. I prefer salad, although the soup is also very good.

Cuando el mesero dice, "¿qué desea de entrada?" yo respondo, "deseo una ensalada".

Luego, el mesero nos pregunta, "¿qué desea ordenar?" Esta pregunta es sobre el plato fuerte. Entonces, yo le pregunto, "¿cuáles son los especiales del día?" El mesero me indica el especial del día. Para el plato fuerte, me gusta mucho el pollo a la plancha. La carne asada también es muy buena. La carne viene acompañada de patatas, tomate, zanahorias y calabacín. Es verdaderamente deliciosa.

El mesero también pregunta, "¿qué desea beber?"

Usualmente respondo, "deseo agua mineral sin gas, por favor".

Después del plato fuerte, siempre pido el postre. El mesero pregunta, "¿qué desea de postre?" Yo respondo, "una rebanada de pastel de chocolate y una taza de café por favor".

When the waiter says, "What do you want for a starter?" I reply, "I want a salad."
Then the waiter asks us, "What do you want to order?" This question is about the main course. So, I ask him, "What are the specials of the day?" The waiter indicates the special of the day. For the main course, I like grilled chicken. The roast beef is also very good. The meat is accompanied by potatoes, tomatoes, carrots, and zucchini. It is truly delicious.
The waiter also asks, "What do you want to drink?"
I usually reply, "I want still mineral water, please."
After the main course, I always ask for dessert. The waiter asks, "What do you want for dessert?" I reply, "a slice of chocolate cake and a cup of coffee please."

Me encanta el postre porque es dulce. La entrada y el plato fuerte son salados. El cambio de salado a dulce es delicioso. Por eso me encanta este restaurante.

Cuando termino de comer, le pido la cuenta al mesero. Solamente digo, "la cuenta por favor". El mesero me trae lo que debo pagar por mi consumo. Luego, pago la cuenta con dinero en efectivo o con tarjeta de crédito y me voy.

El servicio es muy bueno. Por eso siempre dejo una propina. La propina es una cantidad de dinero que se paga adicional por el buen servicio de un restaurante. Normalmente, la propina es diez por ciento adicional. En este restaurante, vale la pena dejar una propina para los meseros.

I love dessert because it is sweet. The starter and the main course are salty. The change from salty to sweet is delicious. So I love this restaurant.

When I'm done eating, I ask the waiter for the bill. I'm just saying, "The bill please." The waiter brings me what I must pay for my consumption. Then I pay the account with cash or credit card and leave.

The service is very good. So I always leave a tip. The tip is an additional amount of money paid for the good service of a restaurant. Typically, the tip is an additional ten percent. In this restaurant, it is worth leaving a tip for the waiters.

Resumen de la historia

Mi restaurante favorito sirve comida casera. Es deliciosa. Disfruto mucho comer en este restaurante. Sus especialidades son tan buenas que puedo pasar comiendo todo el día. Los fines de semana, voy a otro tipo de restaurante con mis amigas. En este restaurante, sirven entrada, plato fuerte y postre. La entrada y el plato fuerte son salados. El postre me encanta porque es dulce. El cambio de salado a dulce es impresionante. Siempre dejo una propina ya que el servicio es bueno. Normalmente, dejo un diez por ciento adicional al total de la cuenta.

Summary of the story

My favorite restaurant serves homemade food. It is delicious. I really enjoy eating at this restaurant. Their specialties are so good that I can spend all day eating. On weekends, I go to another type of restaurant with my friends. In this restaurant, they serve an entrée, main course and dessert. The entrée and the main course are salty. I love dessert because it is sweet. The change from salty to sweet is impressive. I always leave a tip since the service is good. Normally, I leave an additional ten percent of the total bill.

Vocabulary of the story

- Llama: called

- Pequeño: little

- Colonia: neighborhood

- Comida: food

- Casera: homemade

- arroz con pollo: rice and chicken

- empanadas de queso: cheese pastry

- exquisitas: exquisite

- desayuno: breakfast

- almuerzo: lunch

- cena: dinner

- cereal: cereal

- suficiente: sufficient

- productiva: productive

- yogurt: yogurt

- granola: granola

- sándwich: sandwich

- jamón: ham

- light: light

- taza de café: cup of coffee

- alrededor: around

- merienda: snack

- barra de granola: granola bars

- jugo de frutas: fruit juice

- Trato: I try

- Bastante: a lot

- Dependiendo: depending

- Pasta: pasta

- Normalmente: normally

- Té: tea

- Pan: bread

- Sopa: soup

- Menú: menu

- Entrada: entree

- Ensalada: salad

- Mesero: waiter

- ¿qué desea de entrada?: what would you like for an entrée?

- deseo una ensalada: I would like a salad

- ¿qué desea ordenar?: what would you like to order?

- Plato fuerte: main dish

- ¿cuáles son los especiales del día?: what are the day's specials?
- especial del día: special of the day

- pollo a la plancha: grilled chicken
- carne asada: barbecue meat

- patatas: potatoes

- tomate: tomatoes

- zanahorias: carrots

- calabacín: zucchini

- verdaderamente: truly

- pregunta: ask

- ¿qué desea beber?: what would you like to drink?

- Respondo: I respond

- deseo agua mineral sin gas: I would like still mineral water

- postre: dessert

- ¿qué desea de postre?: what would you like for dessert?

- Rebanada: slice

- Dulce: sweet

- Salados: salty

- me encanta: I love

- la cuenta por favor: the bill, please

- consumo: consumption

- la cuenta: the bill

- efectivo: cash

- propina: tip

- por ciento: per cent

Exercises:

Questions about the story / Preguntas

1. ¿Qué tipo de comida sirve mi restaurante favorito?

   a. Comida rápida

   b. Comida chatarra

   c. Comida fresca

d.   Comida casera

2.   ¿Cuál es la especialidad de mi restaurante favorito?

     a.   Patatas fritas

     b.   Pollo frito

     c.   Empanadas con queso

     d.   Sopa de pollo

3.   ¿Qué bebida pido con mi comida?

     a.   Agua mineral sin gas

     b.   Agua mineral con gas

     c.   Agua mineral con azúcar

     d.   Agua mineral sin sal

4.   ¿Cuál es mi entrada favorita?

     a.   Carne

     b.   Pollo

     c.   Ensalada

     d.   Comida

5.   ¿Cómo se llama el dinero adicional por el servicio?

     a.   Cuenta

     b.   Dinero

     c.   Postre

     d.   Propina

Answers / Soluciones

1.   A
2.   C
3.   A

4.   C

5.   D

Chaper 20. Cómo perder peso – How to lose weight

Para muchas personas, el inicio de un nuevo año es una oportunidad para hacer cambios en su vida. Algunas personas deciden volver a estudiar. Otras personas piensan en un nuevo trabajo. Algunas otras quieren iniciar un nuevo pasatiempo.

Hay otro grupo de personas que piensan en perder peso. Esta es una meta que parece sencilla. Pero en realidad, no lo es. Para empezar, perder peso es una manera de vivir una vida saludable. Las personas que tienen sobrepeso están expuestas a problemas de salud. Estos problemas de salud se convierten en enfermedades serias. Por lo tanto, los doctores recomiendan perder peso hasta llegar al peso ideal.

For many people, the start of a new year is an opportunity to make changes in their lives. Some people decide to go back to study. Other people think of a new job. Some others want to start a new hobby.

There is another group of people who think about losing weight. This is a goal that seems simple. But it is not. For starters, losing weight is one way to live a healthy life. People who are overweight are exposed to health problems. These health problems become serious illnesses. Therefore, doctors recommend losing weight until you reach the ideal weight.

La mejor manera de lograr el peso ideal es una combinación de ejercicio regular y una dieta balanceada. Existen muchas maneras de hacer ejercicio. Se puede caminar, correr, nadar, andar en bicicleta o ir al gimnasio. De hecho, muchas personas se inscriben al gimnasio a principio de año. Pero, la mayoría deja de ir después de unas semanas.

Además, es necesario cambiar los hábitos alimenticios usuales por hábitos más sanos. Por ejemplo, es importante dejar de comer comida chatarra y muy dulce por comida saludable como las frutas y los vegetales. Con una dieta balanceada, es posible estar sano y perder peso.

The best way to achieve your ideal weight is a combination of regular exercise and a balanced diet. There are many ways to exercise. You can walk, run, swim, bike, or go to the gym. Many people join the gym at the beginning of the year. But, most stop going after a few weeks.

Also, it is necessary to change the usual eating habits for healthier habits. For example, it is important to stop eating junk and very sweet food for healthy foods like fruits and vegetables. With a balanced diet, it is possible to be healthy and lose weight.

A un principio, cambiar hábitos no es fácil. Para algunas personas, es muy difícil cambiar estos hábitos. Se necesitan semanas para establecer nuevos hábitos y nuevas rutinas. Se necesita tiempo para dejar la comida poco saludable y consumir solo comida saludable. Es difícil dejar el azúcar y la grasa. Comidas como pizza, patatas fritas, pollo frito, y hamburguesas son deliciosas, pero poco saludables.

Si tú quieres perder peso, aquí hay algunos consejos que te pueden servir para mejorar tus hábitos.

Primero, piensa en tus metas. ¿Qué quieres lograr? ¿Quieres perder peso? ¿Quieres estar saludable? ¿Tienes algún problema de salud? Piensa en estas preguntas. Pero debes ser honesto. Si respondes honestamente puedes lograr tus metas.

Initially, changing habits is not easy. For some people, it is very difficult to change these habits. It takes weeks to establish new habits and new routines. It takes time to stop unhealthy food and consume only healthy food. Sugar and fat are hard to put down. Foods like pizza, chips, fried chicken, and burgers are delicious but unhealthy.
If you want to lose weight, here are some tips that can help you improve your habits.
First, think about your goals. What do you want to achieve? Do you want to lose weight? Do you want to be healthy? Do you have any health problems? Think about these questions. But you must be honest. If you answer honestly you can achieve your goals.

Luego, piensa en tus hábitos actuales. ¿Consumes demasiada comida chatarra? ¿No bebes suficiente agua? Estos son factores importantes a considerar dentro de tus hábitos alimenticios. También debes considerar tu rutina de ejercicios. Si no haces mucho ejercicio, piensa en incrementar la cantidad de ejercicio que haces progresivamente. Poco a poco, puedes ir aumentando la cantidad de ejercicio que haces.

Otro aspecto importante es hablar con tu doctor. Tu doctor te puede dar muchas ideas sobre cómo puedes mejorar tu salud, perder peso y encontrar la mejor manera para hacer los cambios que necesitas realizar.

Then think about your current habits. Do you eat too much junk food? Don't you drink enough water? These are important factors to consider within your eating habits. You should also consider your exercise routine. If you don't exercise a lot, think about increasing the amount of exercise you do progressively. Little by little, you can increase the amount of exercise you do.

Another important aspect is to talk to your doctor. Your doctor can give you many ideas on how you can improve your health, lose weight, and find the best way to make the changes you need to make.

La ayuda de tu doctor es esencial para alcanzar tus metas y mantener tu peso en su nivel ideal. También puedes contar con la ayuda de un nutricionista. Este profesional te puede ayudar a diseñar una dieta ideal para ti.

Finalmente, la clave del éxito está en tu mente. Si tienes una mentalidad positiva, tus resultados son positivos. Pero si tienes una actitud negativa, no es fácil alcanzar tus metas. Por eso, siempre debes mantener una mentalidad y actitud positiva.

The help of your doctor is essential to achieve your goals and keep your weight at its ideal level. You can also count on the help of a nutritionist. This professional can help you design an ideal diet for you.
Finally, the key to success is in your mind. If you have a positive mindset, your results are positive. But if you have a negative attitude, it is not easy to reach your goals. So you should always keep a positive mindset and attitude.

Resumen de la historia

Muchas personas desean perder peso. Para perder peso se necesita una combinación de ejercicio regular y una dieta balanceada. Una dieta balanceada consiste en comer frutas y vegetales. Para hacer ejercicio regular, puedes ir al gimnasio. El gimnasio es un buen lugar para hacer todo tipo de ejercicios. Puedes consultar con tu doctor sobre qué hacer para bajar de peso. También puedes consultar con un nutricionista sobre una dieta balanceada especialmente para ti. Otro factor importante es tener una mente y actitud positiva. Esto te ayuda a perder peso y mantener tu peso ideal.

Summary of the story

Many people want to lose weight. To lose weight you need a combination of regular exercise and a balanced diet. A balanced diet consists of eating fruits and vegetables. For regular exercise, you can go to the gym. The gym is a good place to do all kinds of exercises. You can consult with your doctor about what to do to lose weight. You can also consult with a nutritionist about a balanced diet especially for you. Another important factor is having a positive mind and attitude. This helps you lose weight and maintain your ideal weight.

Vocabulary of the story

- Inicio: beginning

- nuevo año: new year

- vida: life

- deciden volver a estudiar: decide to go back to school

- quieren: want

- perder peso: lose weight

- sencilla: simple

- saludable: healthy

- sobrepeso: overweight

- expuestas: exposed

- problemas de salud: health problems

- enfermedades: ilnesses

- serias: serious

- peso ideal: ideal weight

- lograr: achieve

- combinación: combination

- maneras: means

- ir al gimnasio: go to the gym

- inscriben: register

- deja de ir: stop going

- semanas: weeks
○ hábitos alimenticios: eating habits
- más sanos: healthier
- difícil: difficult
- rutinas: routines
- grasa: fat
- deliciosas: delicious
- mejorar: improve
- ¿Quieres perder peso?: would you like to lose weight?
- ¿Tienes algún problema de salud?: Do you have any health problems?
- Honestamente: honestly
- Luego: then
- Actuales: current
- ¿Consumes demasiada comida chatarra?: Do you consume too much junk food?
- ¿No bebes suficiente agua?: You don't drink enough wáter?
- Factores: factors
- Incrementar: increase
- progresivamente: progressively
- aumentando: increased
- importante: importante
- cómo: how
- realizar: carry out
- esencial: essential

- mantener: keep

- nutricionista: nutritionist

- diseñar: design

- Finalmente: finally

- clave del éxito: key to success

- mente: mind

  o mentalidad positiva: positive mind

- resultados: results

- actitud negativa: negative attitude

Exercises:

Questions about the story / Preguntas

1. ¿Qué quieren perder las personas?

    a. Tiempo

    b. Dinero

    c. Peso

    d. Interés

2. ¿Cómo se puede perder peso?

    a. Con comida saludable y mucho interés

    b. Con ejercicio regular y una dieta balanceada

    c. Con ejercicio regular y comida chatarra

    d. Con comida saludable y mucho dinero

3. ¿A quién consulta sobre perder peso?

    a. A un mecánico

    b. A un dentista

c.   A un profesional

d.   A un nutricionista

4.   ¿Qué comida se debe comer?

      a.   Pizza con vegetales

      b.   Hamburguesa con tomate

      c.   Frutas y vegetales

      d.   Frutas con azúcar

5.   ¿Qué se necesita para perder peso?

      a.   Una actitud positiva y dinero

      b.   Una mente y actitud positiva

      c.   Una mente positiva y un doctor

      d.   Une actitud positiva y calma

Answers / Soluciones

1.   C
2.   B
3.   D
4.   C
5.   B

Chaper 21. My Best Friends — Mis mejores amigos

Soy muy afortunada de tener amigos tan maravillosos. Tengo muchos amigos por todas partes: en el trabajo, en mi vecindario, en la universidad y en el gimnasio. Todos mis amigos son amables, serviciales y atentos conmigo. Frecuentemente, salimos a comer, vamos al cine o tenemos una reunión para cenar. Todos mis amigos tienen cualidades que los hace excepcionales.

Aunque es cierto que tengo muchos amigos, solamente tengo tres amigos que considero mis mejores amigos.

I am so lucky to have such wonderful friends. I have lots of friends everywhere: at work, in my neighborhood, at university, and in the gym. All my friends are kind, helpful, and attentive to me. We often go out to eat, go to the movies, or have a dinner meeting. All my friends have qualities that make them exceptional.
Although it is true that I have many friends, I only have three friends that I consider my best friends.

Primero, está Pamela. Tengo muchos años de ser amiga de Pamela. Nos conocemos desde hace muchos años. Pamela y yo tenemos la misma edad… veintisiete años. Ella es una chica tan linda. Ella es amable, cariñosa y siempre está dispuesta a ayudarme cuando tengo algún problema. Con ella, nunca tenemos discusiones ni peleas. Cuando tenemos alguna diferencia de opinión, siempre encontramos alguna manera de resolver nuestras diferencias.

Pamela es alta, atlética y muy dedicada a su trabajo. Ella trabaja como diseñadora para una empresa de construcción. Es verdaderamente muy talentosa. Sus diseños son increíbles. Realmente tiene muy buen gusto para la decoración. Nos llevamos muy bien porque vamos juntas al gimnasio prácticamente todos los días.

First, there is Pamela. I have been friends with Pamela for many years. We have known each other for many years. Pamela and I are the same age ... twenty-seven years old. She is such a pretty girl. She is kind, caring, and always ready to help me when I have a problem. With her, we never have arguments or fights. When we have a difference of opinion, we always find a way to resolve our differences.
Pamela is tall, athletic, and very dedicated to her work. She works as a designer for a construction company. She is truly very talented. His designs are incredible. It really has a

very good taste for decoration. We get along very well because we go to the gym together practically every day.

Luego, está Javier. Javier es un chico muy especial. Tiene veintiséis años. Él es un compañero de la universidad. Tenemos tres años de conocernos. En este tiempo se ha convertido en uno de mis mejores amigos. Se puede decir que hacemos "clic". Él es amable y muy cariñoso. Pero también es fuerte y decidido. Él también es muy protector. Siempre que salimos, él se asegura de que nada nos pase.

No cabe duda de que Javier es un chico muy alegre. Siempre cuenta chistes y les encuentra el lado positivo a las cosas. En definitiva, nos llevamos muy bien. Me encanta su forma tan optimista de ver la vida. Creo que somos muy parecidos.

Then there is Javier. Javier is a very special boy. Is twenty-six years old. He is a fellow college student. We have known each other for three years. At this time he has become one of my best friends. It can be said that we "click". He is kind and very loving. But he is also strong and determined. He is also very protective. Whenever we go out, he makes sure nothing happens to us.
There is no doubt that Javier is a very happy boy. He always tells jokes and finds the positive side of things. In short, we get along very well. I love his optimistic way of looking at life. I think we are very similar.

Mi otra mejor amiga es Carla. Carla es una compañera de trabajo. Con ella, tenemos más de cuatro años de trabajar juntas. Nos conocemos muy bien. Ella y yo trabajamos en el mismo departamento, pero hacemos trabajos diferentes. Ella es contadora y yo estoy encargada de gestionar las compras de la empresa. En muchas ocasiones, tenemos que trabajar juntas. Incluso, tenemos que viajar para visitar clientes y proveedores.

Carla es una chica extraordinaria. Ella tiene veinticuatro años, pero actúa muy madura para su edad. Siempre tiene un consejo muy útil para cualquier situación. Yo sé que puedo contar con ella cuando tengo un problema. Ella siempre tiene una buena idea que podemos poner en práctica. Ella es muy inteligente y analítica. Creo que estas dos cualidades son muy importantes para el trabajo que ella realiza.

My other best friend is Carla. Carla is a co-worker. With her, we have more than four years of working together. We know each other very well. She and I work in the same department,

but we do different jobs. She is an accountant and I am in charge of managing the company's purchases. On many occasions, we have to work together. We even have to travel to visit clients and suppliers.

Carla is an extraordinary girl. She is twenty-four, but she is very mature for her age. He always has very useful advice for any situation. I know I can count on her when I have a problem. She always has a good idea that we can put into practice. She is very intelligent and analytical. I think these two qualities are very important to the work that she does.

Pamela, Javier y Carla son mis mejores amigos. Sé que puedo contar con ellos cuando tengo necesidad de un consejo, el apoyo de un amigo, o simplemente alguien para escuchar. Pero no siempre el apoyo es para mí. Yo estoy feliz de apoyarlos cuando ellos me necesitan. Cuando ellos tienen necesidad de mí, saben que pueden contar conmigo. Ellos saben que tienen una amiga incondicional en mí.

Le tengo mucho aprecio y cariño a todos mis amigos. No sé qué haría sin mis amigos. Pero mis mejores amigos son mi fuerza. Ellos me acompañan cuando más necesito a un amigo. A menudo, los cuatro nos apoyamos. No importa quien tiene necesidad de ayuda; siempre estamos ahí para darnos apoyo, cariño y buenos consejos.

Pamela, Javier, and Carla are my best friends. I know I can count on them when I need advice, the support of a friend, or just someone to listen. But support is not always for me. I am happy to support them when they need me. When they need me, they know they can count on me. They know they have an unconditional friend in me.

I have much appreciation and affection for all my friends. I don't know what I would do without my friends. But my best friends are my strength. They accompany me when I need a friend the most. Often the four of us support each other. It doesn't matter who is in need of help; we are always there to give us support, love, and good advice.

Y cuando se trata de pasarla bien… ¡también estamos ahí! Pronto, nos iremos de vacaciones. Yo quiero ir a la playa a pasar unos días bajo el sol. Javier quiere ir a practicar montañismo. Y, Pamela y Carla simplemente quieren pasarla bien. Creo que ya tenemos buenos planes para nuestras vacaciones. La vamos a pasar muy bien. Estoy segura de que nuestras vacaciones serán alucinantes. Vamos a pasarla de maravilla.

¿Quiénes son tus mejores amigos? Si tus amigos son tan especiales como los míos, entonces eres una persona muy afortunada. Cuida mucho de tus amigos. Los amigos son mucho más valiosos que cualquier otra cosa en la vida.

And when it comes to having a good time ... we are also there! Soon, we will go on vacation. I want to go to the beach to spend a few days in the sun. Javier wants to go mountaineering. And, Pamela and Carla just want to have a good time. I think we already have good plans for our holidays. We're going to have a good time. I am sure that our holidays will be amazing. We are going to have a great time.
Who are your best friends? If your friends are as special as mine, then you are a very lucky person. Take good care of your friends. Friends are much more valuable than anything else in life.

Resumen de la historia

Tengo muchos amigos. Tengo amigos en el trabajo, la universidad y el gimnasio. Todos mis amigos son muy especiales conmigo. Siempre tengo amigos con quienes salir, ir al cine y pasarla bien. Todos mis amigos son excepcionales.

Pero mis mejores amigos son Pamela, Javier y Carla.

Tengo muchos años de conocer a Pamela. Ella es muy atlética y tiene la misma edad que yo… veintisiete años. Vamos juntas al gimnasio. Nos gusta hacer ejercicio. Ella es una chica muy linda. Por eso es que ella es mi mejor amiga.

Javier es mi mejor amigo de la universidad. Tenemos tres años de estudiar juntos. Él tiene veintiséis años. Es un chico muy amable, pero también es muy protector. Él siempre se dedica a cuidarnos cuando salimos juntos. Es divertido y muy optimista.

Luego, Carla es mi mejor amiga en el trabajo. Trabajamos en el mismo departamento juntas. Ella es contadora y yo soy la encargada de las compras de la empresa. Algunas veces, debemos viajar juntas por trabajo.

Mis amigos son increíbles, pero yo también soy lo mejor para ellos. Hago mi mejor esfuerzo por ser una amiga, apoyo y ayudarles todas las veces que lo necesitan. Soy muy afortunada de tener amigos tan maravillosos.

Summary of the story

I have many friends. I have friends at work, university, and the gym. All my friends are very special to me. I always have friends with whom I go out, go to the movies, and have a good time. All my friends are exceptional.

But my best friends are Pamela, Javier, and Carla.

I have known Pamela for many years. She is very athletic and is the same age as me—twenty-seven years old. We go to the gym together. We like to exercise. She is a very pretty girl. That's why she is my best friend.

Javier is my best friend from the university. We have been studying together for three years. He is twenty-six years old. He is a very kind boy, but he is also very protective. He always takes care of us when we go out together. It is fun and very optimistic.

Then, Carla is my best friend at work. We work in the same department together. She is an accountant, and I am in charge of the company's purchases. Sometimes, we must travel together for work.

My friends are amazing, but I am also the best for them. I do my best to be a friend, support and help them all the times they need it. I am very lucky to have such wonderful friends.

Vocabulary of the story

1. afortunada — lucky

2. partes — parts

3. vecindario — neighborhood

4. serviciales — helpful

5. Frecuentemente — frequently

6. cualidades	qualities
7. excepcionales	exceptional
8. veintisiete	twenty-seven
9. linda	cute
10. cariñosa	loving
11. discusiones	discussions
12. peleas	fights
13. diferencia de opinión	difference of opinion
14. atlética	athletic
15. diseñadora	designer
16. construcción	building
17. verdaderamente	truly
18. prácticamente	practically
19. compañero	companion
20. hacemos	we make
21. nos llevamos muy bien	we get along really good
22. parecidos	similar

23. contadora	accountant
24. gestionar	manage
25. clientes	customers
26. proveedores	suppliers
27. extraordinaria	extraordinary
28. actúa	act
29. inteligente	smart
30. analítica	analytics
31. consejo	advice
32. incondicional	unconditional
33. haría	would do
34. fuerza	strength
35. acompañan	accompany
36. iremos	we'll go
37. montañismo	mountaineering

Exercises:

Questions about the story / Preguntas

1. ¿Cuántos mejores amigos tengo?

a. Uno

b. Dos

c. Tres

d. Cuatro

2. ¿Quiénes son mis mejores amigos?

a. Javier y Claudia

b. Javier y Pamela

c. Pamela y Carolina

d. Pamela y José

3. ¿Cuánto tiempo tengo de conocer a Pamela?

a. Muchos años

b. Pocos días

c. Algún tiempo

d. Hace meses

4. ¿Cuántos años tiene Javier?

a. Veinticuatro

b. Veinticinco

c. Veintiséis

d. Veintisiete

5. ¿Qué hago por mis amigos?

a. Soy amable y cariñosa

b. Soy fuerte y agresiva

c. Soy interesante y buena

d. Soy amigable y corriente

Answers / Soluciones

1. C

2. B

3. A

4. C

5. A

Chaper 22. La Inmensa Boca de Federico (Frederick's Immense Mouth)

Esta es una historia de fantasía sobre un hombre llamado Federico que tenía una boca enorme que podía beber todo el océano. La gente lo aplaudía, la gente lo amaba, pero al final la gente lo usó y se volvió codiciosa. La historia puede ser trágica, pero hace un punto muy importante sobre no usar a otras personas y no volverse codicioso.

Había una vez un hombre llamado Federico que tenía una boca enorme en la que podía introducir cualquier cosa. Una vez, se comió una vaca y se la tragó entera. En otra ocasión, se comió todo el pan de la ciudad, poniéndoselo todo en la boca al mismo tiempo.

Once upon a time there was a man named Federico who had a huge mouth into which he could put everything. He once ate a cow and devoured it whole. Another time, he ate all the bread in the city and put all of it into his mouth at the same time.

People applauded him as he ate these huge meals and one day some people thought of challenging him. They asked him to put all the sea water in his mouth. Federico was happy to accept and so that day he put so much water in his mouth that he drained the ocean.

La gente lo aplaudía mientras comía estas enormes comidas y un día algunos pensaron que podían desafiarlo. Le pidieron que se pusiera toda el agua de mar en la boca. Federico estaba feliz de aceptar y ese día se puso tanta agua en la boca que pudo desaguar el océano.

En ese momento, la gente corría para atrapar todos los peces y se volvieron tan codiciosos que no se dieron cuenta de que Federico ya no podía mantener el agua salada del océano en su boca y no podía llamarlos a tierra porque su boca estaba llena.

Así que Federico tuvo que escupir el agua y todos los que, codiciosamente atraparon a los peces, se ahogaron.

Then the people ran away to get all the fish and they got so greedy that they didn't notice that Federico couldn't keep the saltwater of the ocean in his mouth anymore and he couldn't call them back to shore because his mouth was full.

At some point he had to spit out the water and all the people, who greedily caught the fish, drowned.

Summary of the story

This is a fantastical story about a man named Frederick who had a huge mouth that he used to drink the whole ocean. People applauded him, people loved him, but eventually they used him and became greedy. The story may be tragic, but it makes a very important point not to use other people and not to become greedy.

Vocabulary of the story

Había una vez: once upon a time there was

un hombre: a man

llamado: named

que: who

tenía: had

una boca enorme: a huge mouth

en la que: into which

podía: he could

introducir: enter/put

cualquier cosa: anything

Una vez: once

se comió: he ate

una vaca: a cow

y se la tragó: and swallowed it

entera: whole

En otra ocasión: another time

se comió: he ate

todo: all

el pan: the bread

de la ciudad: in the city

poniéndoselo todo: putting it all

en la boca: in his mouth

al mismo tiempo: at the same time

La gente: people

lo aplaudía: applauded him

mientras: as/when

comía: he ate

estas: these

enormes: hege

comidas: meals

y un día: and one day

algunos: some

pensaron: thought

que podían: they could

desafiarlo: challenge him

Le pidieron: they asked him

que se pusiera: to put

toda: all

el agua de mar: the seawater

en la boca: in his mouth

estaba: was

feliz: happy

de aceptar: to accept

y ese día: and that day

se puso: he put

tanta: so much

agua: water

en la boca: in his mouth

que pudo: that he was able

desaguar: to drain

el océano: the ocean

En ese momento: at that moment

la gente: people

corría: were running

para atrapar: to catch

todos: all

los peces: the fish

y se volvieron: and they became

tan: so

codiciosos: greedy

que: that

no se dieron cuenta: they did not realize

de que: that

ya no podía: could no longer

mantener: keep

el agua salada: the saltwater

del océano: from ocean

en su boca: in his mouth

y no podía: and could not

llamarlos: call them

a tierra: ashore

porque: because

su boca: his mouth

estaba: was

llena: full

  Así que: so

tuvo que: had to

escupir: spit out

el agua: the water

y todos: and everyone

los que: whi

codiciosamente: greedly

atraparon: caught

a los peces: the fish

se ahogaron: downed

Exercises:

Questions about the story / Preguntas

1. ¿Qué cosas puso Federico en su gran boca?

a) Una vaca entera, todo el pan de la ciudad y toda el agua del océano.

b) Una vaca, una casa y una ballena.

c) Un hipopótamo.

2. ¿La gente lo amaba cuando hacía estas cosas extraordinarias?

a) No, pensaban que era una molestia.

b) No, lo consideraban ridículo.

c) Sí, y querían aprovechar sus habilidades.

3. ¿Fue feliz Federico al aceptar los desafíos de la gente?

a) Indiferente.

b) No, se sintió obligado.

c) Sí, estaba contento.

Answers / Soluciones

1. A

2. C

3. C

Chaper 23. Como hacer nuevos amigos / How to Make New Friends

Cuando conoces a una persona nueva, tienes una oportunidad de hacer un nuevo amigo. Por eso es que debes conocer algunas frases importantes que puedes utilizar para presentarte y conocer mejor a tu nuevo amigo.

When you meet a new person, you have an opportunity to make a new friend. That's why you should know some important phrases that you can use to introduce yourself and get to know your new friend better.

Frases como, "¿cuál es tu nombre?" y "¿de dónde eres?" son muy útiles para conocer mejor a tus nuevos amigos. También puedes usar frases como, "mi nombre es _____" y "soy de _____." Con estas frases, puedes iniciar una buena conversación.

Phrases like, "what's your name?" and "where are you from?" are very useful for getting to know your new friends better. You can also use phrases such as, "My name is _____" and "I am from _____." With these phrases, you can start a good conversation.

Una buena conversación consiste en hacer preguntas interesantes y responder apropiadamente. Si haces buenas preguntas y escuchas a tu nuevo amigo, es seguro que la conversación es positiva. De lo contrario, puede parecer aburrido. Por eso es muy importante ser amigable, atento y amable.

A good conversation involves asking interesting questions and answering them appropriately. If you ask good questions and listen to your new friend, it is certain that the conversation is positive. Otherwise, you may seem bored. That is why it is very important to be friendly, attentive, and kind.

Las personas tímidas tienen problemas para hacer amigos algunas veces. Cuando te sientes nervioso al conocer a una persona nueva, simplemente debes respirar profundo y saludar a la persona cordialmente. Una sonrisa también es una buena manera de iniciar una conversación. También es buena idea aprender el nombre de tu nuevo amigo. Siempre es buena idea llamar a las personas por su nombre. Así, les puedes mostrar que pones atención y estás interesado en conocerlos bien.

Shy people have trouble making friends sometimes. When you feel nervous when meeting a new person, you should simply take a deep breath and greet the person cordially. A smile is also a good way to start a conversation. It is also a good idea to learn the name of your new friend. It is always a good idea to call people by their name. Thus, you can show them that you pay attention and are interested in knowing them well.

Con estos consejos, puedes hacer amigos rápidamente. No necesitas habilidades especiales. Solo necesitas ser una persona auténtica. De esa manera, siempre tienes una buena oportunidad para conocer nuevas personas y hacer amigos interesantes.

With these tips, you can make friends quickly. You do not need special skills. You just need to be an authentic person. That way, you always have a good opportunity to meet new people and make interesting friends.

Vocabulary of the story

Vocabulario Importante	Important Vocabulary
oportunidad	opportunity
algunas	some
presentarte	introduce yourself
útiles	useful
también	also
conversación	conversation
consiste	involves
apropiadamente	appropriately
preguntas	questions
amable	kind

| tímidas | shy |
| consejos | tips |

Exercises:

Questions about the story / Preguntas

Preguntas sobre la historia

¿Qué debes hacer cuando conoces a una persona nueva?

_____
_____
_____

¿Cuáles frases puedes utilizar?

_____
_____
_____

¿En qué consiste una buena conversación?

_____
_____
_____

¿Qué es una buena idea cuando conoces a una persona nueva?

_____
_____
_____

¿Qué necesitas para hacer amigos??

_____
_____
_____

Questions about the story

What should you do when you meet a new person?

_____
_____
_____

What phrases can you use?

_____
_____
_____

What does a good conversation involve?

_____
_____
_____

What is a good idea when you meet a new person?

_____
_____
_____

What do you need to make new friends?

_____
_____
_____

Answers / Soluciones

Respuestas sugeridas

Suggested responses

¿Qué debes hacer cuando conoces a una persona nueva?

Debe hacer preguntas interesantes sobre una persona nueva.

¿Cuáles frases puedes utilizar?

Puedes usar frases como "¿cuál es tu nombre?" y "¿de dónde eres?"

¿En qué consiste una buena conversación?

Una buena conversación consiste en poner atención a tu nuevo amigo.

¿Qué es una buena idea cuando conoces a una persona nueva?

Es una buena idea recordar el nombre de tu nuevo amigo.

¿Qué necesitas para hacer amigos?

No necesitas nada especial, solo ser una persona auténtica.

What should you do when you meet a new person?

You should ask interesting questions about a new person.

What phrases can you use?

You can use phrases such as, "what's your name?" and "where are you from?"

What does a good conversation involve?

A good conversation involves paying attention to your new friend.

What is a good idea when you meet a new person?

It is a good idea to remember your new friends' name.

What do you need to make new friends?

You don't need anything special; just being an authentic person.

Chaper 24. El Orgulloso Herrero (The Proud Blacksmith)

Había una vez un orgulloso herrero que se jactaba de haber creado la armadura más sólida del mundo.

Fue de pueblo en pueblo, desafiando a todos los herreros que encontraba. Llevaba su armadura y los invitaba a apuñalarlo con sus afiladas espadas, y todos los herreros desafiados fueron derrotados inexorablemente.

Un día, un extraño llegó a la ciudad con una espada brillante y de inmediato el orgulloso herrero lo desafió.

El desconocido le preguntó: "¿Estás seguro?"

El orgulloso herrero, extremadamente confiado, contestó: "¡Golpéame!"

El desconocido desenvainó la espada, la hizo balancear y golpear.

El herrero no sabía que el desconocido era Siegfried, el asesino de dragones con su legendaria espada, Balmung.

El orgulloso herrero sintió algo frío dentro de él y cayó al suelo en dos mitades.

El herrero no sabía que el desconocido era Siegfried, el asesino de dragones, con su legendaria espada, Balmung.

Once upon a time there was a proud blacksmith who boasted that he had created the strongest armor in the world.

He went from town to town and challenged every blacksmith he found. He wore his armor and invited them to stab him with their sharp swords. All smiths challenged were always defeated.

One day a vagabond with a shining sword came to the city. The proud blacksmith challenged him immediately.

The stranger asked: "Are you sure?

The proud blacksmith, extremely self-confident, answered "hit!" The stranger then drew the sword and struck.

The proud blacksmith felt something cold inside him and then fell to the ground in two halves.

The blacksmith didn't know that the stranger was Siegfried, the dragon slayer with his legendary Balmung sword.

Resumen de la historia

En esta historia tenemos a un orgulloso herrero que desafiaba a todos los demás herreros a un duelo mortal. Estaba dispuesto a arriesgar su vida y su reputación, permitiendo que otros herreros golpeasen su armadura, que creía indestructible.

Su arrogancia sería castigada y el herrero sería la causa de su propia muerte cuando se encontró con Sigfried y su legendaria espada.

Summary of the story

In this story we have a proud blacksmith who challenged all the other blacksmiths to a deadly duel. He was willing to risk his life and reputation by allowing other blacksmiths to strike his armor, which he believed was indestructible.

His arrogance was punished and the blacksmith was the inadvertent cause of his own death when he encountered Sigfried and his legendary sword.

Vocabulary of the story

Había una vez: once upon a time there was

un orgulloso: a proud

herrero: blacksmith

que: who

se jactaba: boasted

de haber: of having

creado: created

la armadura: the armor

más sólida: the strongest

del mundo: of the world

Fue: he went

de pueblo: from town

en pueblo: to town

desafiando: challenging

a todos: every

los herreros: blacksmith

que: that

encontraba: he could find/he met

Llevaba: he wore

su armadura: his armor

y los invitaba: and invited them

a apuñalarlo: to stab him

con sus: with their

afiladas espadas: sharp swords

y todos: and all

los herreros desafiados: the challenged blacksmiths

fueron: were

derrotados: defeat

inexorablemente: inexorably

Un día: one day

un extraño: a stranger

llegó a: come to

la ciudad: the city

con: with

una espada brillante: a bright sword

y de inmediato: and immediately

el orgulloso herrero: the proud blacksmith

lo desafió: challemged him

El desconocido: the stranger

le preguntó: asked him

Estás seguro: are you sure

El orgulloso herrero: the proud blacksmith

Extremadamente: extremely

Confiado: confident

Contestó: replied

Golpéame: hit me

El desconocido desenvainó: the stranger drew

la espada: the sword

la hizo: made it

balancear: swing

y golpear: and strike

El orgulloso herrero: the proud blacksmit

Sintió: felt

Algo: something

Frío: cold

dentro de él: inside him

y cayó: and fell

al suelo: to the ground

en dos: in two

mitades: halves

El herrero: the blacksmith

no sabía: did not know

que: that

el desconocido: the unknown

era Siegfried: was Siegfried

el asesino de dragones: the dradon slyer

con: with

su legendaria: his legendary

espada, Balmung: Balmung sword

Exercises:

Questions about the story / Preguntas

1. ¿Cómo se puede decir que el herrero que construyó la armadura estaba lleno de orgullo?

a) Porque siempre alardeaba de su armadura en la televisión.

b) Porque exhibía sus victorias y se jactaba de ellas en todas partes a donde iba.

c) Porque desafiaba a todos los demás herreros.

2. ¿Cómo veía el herrero al extraño que llevaba una espada brillante?

a) El herrero pensó que el desconocido era un hombre guapo.

b) El herrero no se preocupó realmente por el extranjero.

c) El herrero pensó que era otro desafío que podría vencer fácilmente.

3. ¿Cómo se convirtió el orgullo en la causa de la muerte del herrero?

a) El herrero subestimó lo desconocido.

b) El herrero solo quería ser famoso.

Answers / Soluciones

1. C

2. C

3. A

Chaper 25. Mi dia tipico

Mi nombre es Isabel y tengo 28 años. Tengo el pelo largo y rubio, mi cara es redonda y mis ojos son verdes. Mido 1.75. Soy agradable y me gusta hablar con todos. Trabajo como profesora de dibujo en la escuela de arte de mi ciudad. Me gusta mucho enseñar a mis alumnos sobre el dibujo. Vivo en Barcelona con mi familia.

My name is Isabel and I am 28 years old. I have long blond hair, my face is round and my eyes are green. I am 1.75 high. I'm nice and I like talking to everyone. I work as a drawing professor at the art school in my city. I really like to teach my students to draw. I live in Barcelona with my family.

Mi familia está compuesta por cuatro personas en total: yo, mi esposo Manuel y nuestros dos hijos, David y Javier. Manuel tiene 30 años y trabaja como cocinero en un restaurante vegetariano en nuestra ciudad. Manuel tiene cabello negro y ojos marrones. Él es guapo y amable. David tiene 6 años y frecuenta la escuela primaria. Javier tiene 3 años y frecuenta el jardín de infantes. David y Javier son muy similares. De hecho, tienen cabello castaño rizado y ojos marrones. A mis dos hijos les gusta jugar en el patio con sus amigos.

My family is composed of four people: me, my husband Manuel and our two children, David and Javier. Manuel is 30 years old and works as a cook in a vegetarian restaurant in our city. Manuel has black hair and brown eyes. He is handsome and kind. David is 6 years old and attends elementary school. Javier is 3 years old and attends kindergarten. David and Javier are very similar. In fact, they have curly brown hair and brown eyes. My two children like to play in the yard with their friends.

Mi día típico comienza en la mañana con la alarma a las 6:30. Me ducho todas las mañanas. Luego, me cepillo los dientes y me maquillo de 6:45 a 7:00. A las 7:00 preparo el desayuno para mis hijos y mi esposo. El desayuno para mí y mi esposo comienza con un café fuerte, con yogurt, fruta fresca y pan con mermelada. Para nuestros hijos preparo leche caliente con chocolate, bizcochos y una fruta.

My typical day starts in the morning with the alarm at 6:30 am. I wake up and take a shower every morning. Then I brush my teeth and I wear make-up from 6:45 am to 7:00 am. At 7:00 am I prepare breakfast for my children and my husband. The breakfast for me and my

husband starts with a strong coffee, yogurt, fresh fruit and bread with jam. For our children I prepare hot milk with chocolate, rusks and a fruit.

A las 7:50, después del desayuno, mi esposo lleva a los niños a la escuela. Al mismo tiempo, tomo el metro para ir a la escuela. Llegada a la escuela a las 8:00, estoy lista para comenzar las clases. Trabajo todas las mañanas de 8:00 a 13:00. Mis alumnos tienen 14 y 15 años.

At 7:50 am, after breakfast, my husband takes the children to school. At the same time, I take the subway to go to school. I arrive at school at 8:00 am ready to start lessons. I work every morning from 8:00 am to 13:00 am. My students are 14 and 15 years old.

Terminado las lecciones a las 13:00, como con mis colegas de trabajo. Normalmente, comemos a las 13:30 en un restaurante cerca de la escuela. La especialidad del restaurante es el pescado. Al mismo tiempo, mis hijos comen en la cafetería de la escuela. Mi esposo comenzó a trabajar a las 11:00 y terminará a las 15:00. Desafortunadamente, tiene que comer después del trabajo a las 15.30.

After classes at 1:00 pm, I eat with my work colleagues. We usually eat at 1:30 pm in a restaurant near the school. The restaurant's specialty is fish. At the same time, my children eat at the school cafeteria. My husband started work at 11:00 am and will finish work at 3:00 p.m. Unfortunately, he has to eat after work at 3:30 p.m.

A las 14.30 de la tarde me voy a casa y preparo la lección para el día siguiente tomando té y comiendo galletas. A las 16:30, cuando termino de preparar el programa para mis alumnos, mi esposo regresa a casa. Nos gusta hablar juntos y contarnos sobre nuestro día.

At 2:30 pm I go home and prepare the lesson for the following day while I drink tea and eat biscuits. At 4:30 pm, when I finish preparing the program for my students, my husband returns home. We like to talk together and tell us about our day.

A las 17:00, David y Javier toman el autobús de la escuela para irse a casa. En unos 20 minutos llegan a casa si no hay tráfico. Cuando llegan a casa, están cansados después de un largo día en la escuela y deciden relajarse. A Javier le gusta jugar con sus peluches y a David le gusta leer su libro sobre dinosaurios.

At 5:00 pm, David and Javier take the bus from school to come home. They arrive in 20 minutes from the school to home if there is no traffic. When they get home, they are tired after a long day at school and decide to relax. David likes to play with his plushes and Javier likes to read his book on dinosaurs.

A las 18:00 mi esposo tiene que comenzar a trabajar nuevamente, así que saluda a los niños y regresa al restaurante. Al mismo tiempo, limpio la casa antes de preparar la cena. Limpio las camas, paso la aspiradora y pongo la sala de juegos en orden.

At 6:00 pm my husband has to start work again, so he greets the children and returns to the restaurant. At the same time, I clean and tidy up the house before preparing dinner. I clean the bedrooms, I vacuum and put the playroom in order.

Llega la hora de la cena y empiezo a pensar en qué cocinar. Sé que a David y Javier les gusta la pasta con pesto. Entonces decido preparar los tagliatelle con pesto casero de mi madre. A las 19:30 preparo la mesa con la ayuda de David. Todos comemos juntos hasta las 20:00.

Dinner time then arrives and I start thinking about what to cook. I know that David and Javier like pasta with pesto. Then I decide to prepare the tagliatelle with the homemade pesto made by my mother. At 7:30 pm I prepare the table with David's help. We all eat together until 8:00 pm.

De 20:00 a 20:30 los niños miran televisión y yo lavo los platos. Luego se duchan, se cepillan los dientes y se ponen el pijama antes de irse a dormir. A las 21:00 están en la cama y, como siempre, les leo un cuento para que duerman. Esta noche, la historia es sobre un niño y su pasión por los animales. David y Javier se duermen y yo regreso a la sala.

From 8:00 pm to 8:30 pm the children watch television and I wash the dishes. Then they take a shower, brush their teeth and put on their pajamas before going to sleep. At 9:00 pm they go to bed and, as usual, I read a story to make them sleep. Tonight the story is about a child and his passion for animals. David and Javier fall asleep and I go back to the living room.

A las 21:30 me relajo y me preparo para ir a dormir. Me cepillo los dientes y me pongo la crema en la cara. Estoy tan lista para leer mi libro favorito. Este libro trata sobre las pinturas del famoso pintor Modigliani. Espero en la cama a mi esposo que regresará a casa a la medianoche. De hecho, Manuel trabaja en el restaurante y llega tarde a casa todas las noches. A las 11.30 sale del restaurante y, después de saludar a sus colegas de trabajo, regresa a casa con el automóvil.

At 9:30 pm I relax and get ready to go to sleep. I brush my teeth and put on the cream on my face. I'm so ready to read my favorite book. This book is about the artworks of the famous painter Modigliani. I am waiting in bed for my husband who will return home at midnight

tonight. In fact, Manuel works at the restaurant and comes home late every night. At 11:30 pm he leaves the restaurant and, after greeting his work colleagues, he returns home with the car.

Cuando llega a la medianoche, también se prepara para dormir. Se toma una buena ducha fría y se pone el pijama. Finalmente, Manuel llega a la cama y podemos empezar a dormir. ¡También este día ha terminado y podemos recuperar nuestra energía para mañana!

When he arrives at midnight, he also prepares to sleep. He takes a nice cool shower and gets into his pajamas. Finally, Manuel arrives in bed and so we can start sleeping. This long day is finally over and we can regain strength for tomorrow!

Vocabulary of the story

profesora de dibujo: drawing professor

enseñar: to teach

está compuesta: is composed

trabaja: works; to work

frecuenta: attends; to attend

son muy similares: to look alike

patio: courtyard

me maquillo: to wear makeup

especialidad del restaurante: restaurant specialty

al mismo tiempo: at the same time

desafortunadamente: unfortunately

comenzar nuevamente: start again

poner en orden: to tidy up

paso la aspiradora: to pass the vacuum cleaner

casero: homemade

lavo los platos: to wash the dishes

lista: ready

recuperar energía: regain strength

Exercises:

Questions about the story / Preguntas

1) Isabel es una:

a) Profesora de matemáticas

b) Empleada de oficina

c) Profesora de dibujo

d) Músico

2) ¿Que hace Isabel todas las mañanas a las 7:00?

a) Se cepilla los dientes y se maquilla

b) Se despierta

c) Lleva a los niños a la escuela

d) Prepara el desayuno para toda la familia

3) ¿Cuál es el libro favorito de Isabel?

a) Un libro sobre el pintor Modigliani

b) Una novela de aventuras

c) Un libro sobre la antigua Roma

d) Un libro sobre animales

Answers / Soluciones

1. C

2. D

3. A

Chapter 26. Sin café no hay paraíso

Mi nombre es Agatha López, todas las mañanas, de todos los días de la semana, los 12 meses del año, apenas me despierto me preparo el desayuno y tomo una taza de café. A veces no desayuno, pero siempre me tomo la taza de café. Es algo que no puede faltarme, es indispensable para mí. Desde que soy pequeña me encanta el café; tanto el sabor como el olor. Me acompaña al trabajo, me mantiene despierta, con vida, me hace reír más y disfrutar más. El café me ayuda a estar atenta, me relaja y me hace prestar atención a cosas que las personas comúnmente no notan.

My name is Agatha López, every morning, every day of the week, the 12 months of the year, as soon as I wake up I prepare breakfast and have a cup of coffee. Sometimes I don't eat breakfast, but I always have a cup of coffee. It is something that I cannot miss, it is essential for me. Since I was little I love coffee; both the taste and the smell. He accompanies me to work, keeps me awake, alive, makes me laugh more and enjoy more. Coffee helps me stay tuned, relaxes me, and makes me pay attention to things that people commonly don't notice.

Sin embargo, hace no mucho, ocurrió algo que no esperaba. Hubo un día en el que sin darme cuenta, no tenía café porque se había acabado la mañana anterior. Como consecuencia, ese día fue un desastre total, un caos completo. Nada me salía bien. Estaba distraída, tropezaba con todo... ¡me da vergüenza recordarlo! Aún así, lo voy a contar porque de eso se trata esta historia.

However, not too long ago, something unexpected happened. There was a day when without realizing it, I didn't have coffee because it had run out the previous morning. As a consequence, that day was a total disaster, complete chaos. Nothing went right for me. I was distracted, I tripped over everything ... I'm ashamed to remember it! Still, I'm going to tell you because that's what this story is about.

Ese día mí alarma ni siquiera sonó. Sólo por ese día, mi alarma no funcionaba. Parecía que, al igual que yo, necesitaba café para funcionar. Llegaba tarde al trabajo. Me levanté corriendo. No tenía tiempo para darme una ducha ni hacer el desayuno así que me fui sin comer nada aunque luego me compré un bocadillo en la calle para compensar el hambre que tenía. En cuanto a mi aspecto, digamos que era un cincuenta-cincuenta mediocre. No es que oliera mal, pero tampoco es que oliera muy bien. Hay que tener en cuenta que soy bastante optimista así que quizá olía peor de lo que pensaba.

That day my alarm didn't even go off. Just for that day, my alarm didn't work. It seemed like I needed coffee to function. I was late for work. I got up running. I didn't have time to take a shower or make breakfast, so I left without eating anything, although later I bought a snack on the street to compensate for my hunger. As for my appearance, let's say he was mediocre fifty-fifty. It wasn't that it smelled bad, but it wasn't that it smelled good either. Keep in mind that I am quite optimistic so maybe it smelled worse than I thought.

⚸ ¿Se puede saber a qué se debe esta demora Srta. López? ... sin mencionar su aspecto y el hecho de que se ve algo… cansada, fatigada y no en condiciones de trabajar. Se me hace extraño verla así, siempre está muy dispuesta a ayudar y tiene energías para trabajar todo el día. Incluso para correr una maratón. Definitivamente esto se podría considerar como una falta y será motivo de observación las siguientes horas. ¿No habrá consumido ninguna sustancia ilícita no es así?

⚸ Is it possible to know what is the reason for this delay, Ms. López? ... not to mention her appearance and the fact that she looks somewhat ... tired, fatigued, and not fit to work. It seems strange to see her like this, she is always very willing to help and has the energy to work all day. Even to run a marathon. Definitely, this could be considered as a fault and will be a reason for observation in the following hours. You will not have consumed any illegal substance, will you?

Ni siquiera le estaba prestando atención a mi jefa en ese momento en el que me dió ese discurso. No le dí nada de importancia a sus palabras. Sin embargo, tenía razón en algunas cosas. Aunque exageró un poco con eso de "motivo de observación". Sinembargo, probablemente sea por mi cargo en la empresa, pero a ver .. ¿tan mal estaba mi cara como para que pensara que me había drogado?

I wasn't even paying attention to my boss at the time she gave me that speech. I did not give anything of importance to his words. However, he was right about some things. Although he exaggerated a little with that of "reason for observation". However, it's probably because of my position in the company, but let's see ... was my face so bad that I thought I had been drugged?

Durante el trabajo cometí infinidad de errores. Pensaba que me iban a despedir. Tuve que hacer un mismo reporte 3 veces. La primera vez lo escribí completo, apagué la computadora para ir a almorzar y cuando volví, el documento ya no estaba. No se había guardado. La segunda vez que lo escribí me había equivocado de oficina y lo estaba escribiendo en la de al lado en vez de en la mía, así que era otra computadora. La última vez, la definitiva, todo bien; lo guarde y ya todo estaba listo. Más tarde, me di cuenta que lo podría haber pasado desde la otra computadora (la de la oficina de al lado) para no tener que escribirla de nuevo en la mía, pero ya era muy tarde...

During the work, I made countless mistakes. I thought I was going to be fired. I had to do the same report 3 times. The first time I wrote it all down, turned off the computer for lunch, and when I came back, the document was gone. It had not been saved. The second time I wrote it, I had the wrong office and I was writing it in the next office instead of mine, so it was another computer. The last time, the final one, all good; I saved it and everything was ready. Later, I realized that I could have passed it from the other computer (the one in the office next door) so I didn't have to write it again on mine, but it was too late ...

Ese día salí súper tarde del trabajo. Por lo general hago muchas cosas y termino a eso de las 5:00 de la tarde con tiempo para llegar a mi casa y tomarme el resto del día para mí; ver una película ... tomar café ... Sin embargo, definitivamente no me iba a dar el tiempo para hacer esas cosas. Salí a las 8:00 de la tarde del trabajo y lo único que quería hacer era llegar a mi casa a dormir.

That day I left super late from work. I usually do a lot of things and end at around 5:00 in the afternoon with time to get home and take the rest of the day for myself; watching a movie ... drinking coffee ... However, I wasn't going to give myself the time to do those things. I left at 8:00 in the afternoon from work and all I wanted to do was get home to sleep.

Así que fui a la estación para tomar el tren a casa con mis últimas energías. No me había llevado el carro al trabajo puesto que no estaba en condiciones para conducir. Era muy peligroso, podía causar un accidente. Parecía un zombi en la estación y no me fije en el tren que agarré. Como una tonta que no prestaba atención a nada tomé el tren equivocado, el que me llevaba a la otra punta de la ciudad. Casi nunca paso por ahí así que no conocía nada. Estaba perdida y sola. A esa hora había poca gente; solo podía ver a un vagabundo que me sonreía de forma perturbadora y creo que la mejor decisión era no acercarme.

So I went to the station to take the train home with my last energies. I hadn't brought the car to work since I was in no condition to drive. It was very dangerous, it could cause an

accident. He looked like a zombie at the station and I didn't notice the train I caught. Like a fool who paid no attention to anything, I took the wrong train, the one that took me to the other end of the city. I hardly ever pass by so I didn't know anything. I was lost and alone. At that time there were few people; I could only see a homeless man smiling at me disturbingly and I think the best decision was not to go near him.

Me regresé a la estación. Tomé el tren indicado y por fin, llegué a la estación más cerca de mi casa a las 9:30 de la noche. Caminé a mi casa a paso de tortuga que no ha dormido en una semana ... y llegue a mi casa 30 minutos despues. Me acosté a dormir. Ni siquiera me quite la ropa o prendí las luces. Lo único que quería era eso, dormir. Desperté 20 minutos después recordando que no había comprado café para el día siguiente.

I went back to the station. I took the indicated train and finally arrived at the station closest to my home at 9:30 at night. I walked home at a snail's pace who hasn't slept in a week ... and arrived at my home 30 minutes later. I went to sleep. I didn't even take off my clothes or turn on the lights. All he wanted was that, sleep. I woke up 20 minutes later remembering that I had not bought coffee for the next day.

Resumen de la historia

Agatha Lopez era una chica que no podía despertars ni hacer nada sin tomar café. Incluso podía salir de casa sin desayunar pero no sin tomar antes su café. Un día, despertó y se dio cuenta de que no había café para preparar. Ese día fue el peor. Para comenzar, parecía que la alarma tampoco funcionaba sin café. Como no funcionó, salió apurada a su trabajo, sin poder arreglarse mucho, por lo que el jefe tuvo una muy mala impresión de ella. Todo lo que solía hacer diariamente le salió mal. Tuvo que hacer las cosas varias veces para que le salieran relativamente bien y, además, las hacía con extrema lentitud. Siempre salía del trabajo a las cinco de la tarde y ese día salió a las ocho de la noche, pues todo se le complicó de sobre manera. Se equivocó de tren y terminó llegando a casa bastante tarde. Para su mala suerte, había estado tan distraída que se le olvidó, otra vez, comprar café para el día siguiente.

Summary of the story

Agatha Lopez was a girl who couldn't wake up or do anything without having coffee; she could even leave home without having breakfast but not without first having her coffee. One day, she woke up and realized that there was no coffee to prepare and that day was the worst. To begin with, it seemed that the alarm didn't work without coffee either. Since it didn't work, she left in a hurry to get to her job, without being able to get well dressed, so the boss had a very bad perception of her. Everything she used to do daily went wrong. She had to do things several times so they'de be done relatively well in addition to getting them done very slowly. She always left work at five o'clock in the afternoon and that day she left work at eight o'clock in the evening because everything got very complicated for her. She got on the wrong train and ended up arriving home late, and to her bad luck, she had been so distracted that she forgot to buy coffee for the following day.

Vocabulary of the story

Mañana – Morning; Semana – Week; Mes – Month; Año – Year; --- Taza – Cup; Café – Coffee; Indispensable – Essential; Reír – Laugh; Disfrutar – Enjoy; Relaja – Relaxes; Distraída – Distracted; Vergüenza – Shame; Trabajo – Work; Ducha – Shower; Bocadillo – Snack; Aspecto – Look; Olía – Smelled; Demora – Delay; Cansada – Tired; Sustancia ilícita – Illegal substance; Jefe – Boss; Exageró – Exaggerated; Cara – Face; Drogas – Drugs; Infinidad – Infinity; Despedir – Fire (Get fired); Reporte – Report; Tarde – Late; Película – Movie; Tren – Train; Peligroso – Dangerous; Accidente – Accident; Perturbadora – Perturbing; Acercarme – Get closer; Tortuga – Turtle; Paso – Step; Luces – Lights.

Exercises:

Questions about the story / Preguntas

1¿Qué era lo que más le gustaba la protagonista?

A Agua

B Refresco

C Jugo

D Leche

E Café

2¿Cuántas veces escribió la protagonista el informe?

A Una

B Dos

C Tres

D Cuatro

E Cinco

3 ¿A qué hora salía la protagonista del trabajo usualmente?

A 5:00 pm

B 6:00 pm

C 5:00 am

D 8:00 am

E 8:00 pm

4¿Qué tren tomó la protagonista la primera vez?

A El que se dirigía al parque

B El que se dirigía a su casa

C El que se dirigía a la playa

D El que se dirigía a la otra punta de la ciudad

E El que se dirigía a la montaña

5¿Qué olvido comprar la protagonista al llegar a casa?

A Huevos

B Café

C Azúcar

D Pan

E Arroz

Answers / Soluciones

1) e ; 2) c ; 3) a ; 4) d ; 5) b

Chapter 27.Los tamales de Doña María

Como en muchas historias de la vida, hasta las historias de éxito sobre los famosos, todo comienza como un simple sueño, por más loco e imposible que suene, un sueño es un sueño. Ahora, "¿cuál era tu sueño?" Te estarás preguntando, y como dije antes, un sueño puede ser loco, el mío era abrir el más grande restaurant de tacos, chimichangas, burritos y platos mexicanos…pero en China. No sabía si habían probado ya la comida de mi país, México, allá en China, por lo tanto no tenía de donde sacar referencias para hacer un aproximado de mis probabilidades de triunfo.

As in many life stories, even the success stories about celebrities, everything starts as a simple dream, as crazy and impossible as it sounds, a dream is a dream. Now, "what was your dream?" You may be wondering, and as I said before, a dream can be crazy, mine was to open the largest restaurant with tacos, chimichangas, burritos, and Mexican dishes ... but in China. I did not know if they had already tried the food from my country, Mexico, back in China, therefore I had nowhere to get references to make an approximate of my chances of success.

Aun así, mi confianza en mí mismo era inmensa, aprendí a cocinar los platos típicos gracias a mi abuela y a mi madre, ellas me cocinaban todo lo que los demás niños tenían que comprar en tiendas, además sus recetas no tenían comparación, llegué a viajar por todo México en busca de platos y comida para probar pero aún después de haber probado toda la cultura culinaria de México, seguía y seguiré escogiendo los tacos y chimichangas de mi abuelita y mi madre.

Even so, my confidence in myself was immense, I learned to cook the typical dishes thanks to my grandmother and my mother, they cooked for me everything that the other children had to buy in stores, also their recipes were unmatched, I got to travel all over Mexico in search of dishes and food to try but even after having tried all the culinary culture of Mexico, I continued and will continue to choose my grandma and mother's tacos and chimichangas.

Además, estudie y me gradué de artes culinarias, me convertí en un Chef. Lo que marcó gran diferencia, pues no sabía cocinar para nada, mis platos venían en cuatro modalidades, estas eran: quemados, crudos, salados y por último, sin sal. Pero el ingrediente más importante a la hora de cocinar no me lo enseñó la Academia Nacional de Cocina y Artes Culinarias, lo aprendí de mi abuela, quien unos días antes de morir, la última vez, me cocinó y me dijo:

Also, I studied and graduated from culinary arts, I became a Chef. What made a big difference, because I did not know how to cook at all, my dishes came in four modalities, these were: burned, raw, salty, and finally, without salt. But the most important ingredient when cooking was not taught to me by the National Academy of Cuisine and Culinary Arts, I learned it from my grandmother, who a few days before dying, the last time, cooked me and said:

-Mijo, ya solo queda una cosa por enseñarle, ya se aprendió todas mis recetas, así como mis secretos, pero no se emocione, para salir a cocinar al mundo eso no es suficiente, si usted quiere cocinar bien, solo hace falta una cosa, un ingrediente que se le conoce como "sentimientos", ponga y sazone sus platos con ellos, cuando cocine piense en cuánto ama la comida, en cuánto ama cocinar, en cuánto ama a quienes les cocinas y ponga pasión en todos sus platos. Ya yo cocine todo lo que tenía que cocinar, no me quedan más platos para ustedes, aun así no estoy triste porque gracias a dios todos los sentimientos que puse en mis platos si pudieron llegarles a ustedes.

-Mijo, there is only one thing left to teach you, you have already learned all my recipes, as well as my secrets, but do not get excited, to go out and cook the world that is not enough, if you want to cook well, you only need one thing, an ingredient known as "feelings", put and season your dishes with them, when you cook to think about how much you love food, how much you love to cook, how much you love those who cook them and put passion in all your dishes. I already cooked everything I had to cook, I have no more dishes for you, even so, I am not sad because thank God all the feelings that I put in my dishes if they could reach you.

La recuerdo a la perfección, con mucho cariño y amor, y muchas marcas de los chancletazos que me pegaba cuando le robaba la comida. Ese pequeño discurso que me dio me marcó el alma, me enseñó lo que necesitaba, no solo lo que quería, más que una lección de cocina era una lección de vida, sentí de todo cuando me contó todo eso, y ese sentimiento es el que uso cuando cocino, pienso en mi abuela, quien era conocida en nuestro barrio como "María la doña de los tamales" pues a todos les encantaban , siempre invitaba gente para la casa a comer y ellos invitaban a otras personas y así todos conocieron la comida de mi abuela y su forma de cocinar.

I remember her perfectly, with much affection and love, and many marks of the flip flops that hit me when I stole her food. That little speech he gave me marked my soul, he taught me what I needed, not only what I wanted, more than a cooking lesson it was a life lesson, I felt everything when he told me all that, and that feeling is what I use when I cook, I think

of my grandmother, who was known in our neighborhood as "María la dona de los tamales" because everyone loved them, she always invited people to eat at home and they invited other people and so everyone knew the food of my grandmother and her way of cooking.

Mi viaje a China fue…exótico, todos se me quedaban viendo y se tomaban fotos conmigo, y por alguna razón les hacía reír cuando hablaba, en especial cuando decía palabrotas de esas que se dicen en mi pueblo.

-VIVA MEXICO Y VIVA LA COMIDA- Enseñé a la gente que se me acercaba a decir eso, así conseguía publicidad gratis para cumplir mi sueño y ellos se divertían, todos salíamos ganando

My trip to China was… exotic, everyone kept looking at me and taking photos with me, and for some reason I made them laugh when I spoke, especially when I said swear words of those that are said in my town.
-VIVA MEXICO AND VIVA LA COMIDA- I taught people who came to me to say that, so I got free publicity to fulfill my dream and they had fun, we all came out winning

Aproveché a esa pequeña multitud que se formaba en la calle cuando salía a buscar trabajo, la gente se me acercaba y esa era mi señal para actuar, les daba muestras gratis de mi comida, me llevaba preparados unos tacos picantes desde la casa, bien presentados y muy sabrosos, les decía que los probaran me dijeran si les gustaban o no, después me di cuenta de que mi plan tenía una falla, y es que no entendía lo que me decían porque aun no sabía hablar bien el idioma, sin embargo creo que les gustaban porque cada vez llegaba más gente para probar mi comida.

I took advantage of that small crowd that formed in the street when I went out to look for work, people approached me and that was my signal to act, I gave them free samples of my food, I took some spicy tacos prepared from home, well presented And very tasty, I told them to try them, they told me if they liked it or not, then I realized that my plan had a flaw and that I did not understand what they were saying because I still did not know how to speak the language well, however, I think they liked because more and more people came to try my food.

Tenía que aprovechar eso aun más, así que después de un tiempo empecé a cobrar los tacos, y luego expandí mi menú, llevaba aun más platos típicos de México para que la gente me comprara y así comencé a generar más ganancias.

Después de ahorrar me pude comprar un buen lugar para montar oficialmente mi negocio, con uno de esos cartelitos con nombres y todo, no hacía falta pensar tanto en el nombre ya que desde que inicié sabía que se llamaría "Los tamales de Doña María".

I had to take advantage of that even more, so after a while, I started to collect the tacos, and then I expanded my menu, I brought even more typical Mexican dishes for people to buy from me and so I started to generate more profits.
After saving I was able to buy a good place to officially start my business, with one of those little signs with names and everything, it was not necessary to think so much about the name since I started I knew it would be called "Los tamales de Doña María".

El negocio fue todo un éxito, los platos se vendían como pan caliente, o mejor dicho, chimichangas calientes, cada vez fui ganando más y más, mi negocio paso de ser un humilde puesto de tacos a un gran restaurante, pude traer a mis amigos y familiares para que trabajaran conmigo ya que me hacía mucha falta ayuda conforme crecía el negocio. Y antes de darme cuenta, "Los tamales de Doña María" se habían convertido en el mejor y más grande restaurante de comida mexicana de China, y así había cumplido mi sueño en memoria de mi abuelita, todo fue gracias a ella.

The business was a success, the dishes were sold like hot bread, or rather, hot chimichangas, each time I was earning more and more, my business went from being a humble taco stand to a great restaurant, I was able to bring my friends and family members to work with me since I needed help as the business grew. And before I knew it, "Los tamales de Doña María" had become the best and largest restaurant for Chinese food in China, and thus I had fulfilled my dream in memory of my grandmother, it was all thanks to her.

Resumen de la historia

Esta historia trata acerca el sueño de un joven, acerca de tener un restaurante de comida mexicana en China. El joven probó miles de platos mexicanos, pero siempre pensó que los mejores eran los de su abuela y su mamá. Motivado por su sueño de abrir el mayor restaurante de comida mexicana, estudió artes culinarias, sin embargo la comida no le quedaba igual de sabrosa que a su abuela. Un día, cuando su abuela estaba a punto de morir, le dijo el ingrediente secreto que ella usaba, los sentimientos. El joven siguió el consejo de su abuela y comenzó a cocinar dando lo mejor de sí y pensando siempre en los sentimientos que le provocaba su abuela, y poco a poco fue creciendo y atrayendo más y más gente con su comida mexicana. Finalmente logró hacer realidad su sueño y tener su restaurante, que nombró en honor a su abuela.

Summary of the story

This story is about a young man's dream of having a Mexican food restaurant in China. The young man tasted thousands of Mexican dishes but always thought the best were those of his grandmother and mother. Motivated by his dream of opening the largest Mexican food restaurant, he studied culinary arts, but his food was not as tasty as his grandmother's food. One day, when his grandmother was about to die, she told him the secret ingredient she used: Feelings. The young man followed his grandmother's advice and began to cook, giving his best and always thinking about the feelings his grandmother provoked, and little by little, he grew and attracted more and more people with his Mexican food. He finally managed to make his dream come true and have his restaurant, which he named after his grandmother.

Vocabulary of the story

Éxito – Success; Famosos – Famous; Sueño – Dream; Referencias – References; Probabilidades – Chances; Confianza – Confidence; Inmensa – Huge; Tiendas – Shops; Platos – Dishes; Artes culinarias – Culinary arts; Quemado – Burnt; Crudo – Raw; Salados – Salty; Recetas – Recipes; Sentimientos – Feelings; Chancletazos – Hits given by a sandal; Discurso – Speech; Alma – Soul; Multitud – Crowd; Picantes – Spicy; Negocio – Business

Exercises:

Questions about the story / Preguntas

1¿Dónde quería abrir su restaurant el protagonista?

A Perú

B Chile

C Italia

D India

E China

2¿Qué estudió el protagonista?

A Diseño gráfico

B Artes culinarias

C Leyes

D Economía

E Física

3¿Cómo consiguió publicidad gratis?

A En internet

B Dando muestras

C Gritando palabras mexicanas

D Llorando en la calle

E Trabajando

4¿Cómo se llamó el restaurante?

A Taco bell

B Los burritos de Doña Juana

C Los tacos de Doña María

D Los chimichangas de Doña Carmela

E Los tamales de Doña María

5 ¿Cuál era el ingrediente secreto de la abuela?

A Cebolla

B Rabia

C Pimienta

D Sentimientos

E Tomate

Answers / Soluciones

Respuestas :

1) e ; 2) a ; 3) b y c ; 4) e ; 5) d

Chapter 28. De viaje en una nueva ciudad – On vacation in a new city

Mi novio y yo viajamos frecuentemente. Viajamos a muchos lugares diferentes. Nos gusta viajar a lugares como la playa, la montaña y la naturaleza. Siempre disfrutamos el tiempo lejos de la ciudad. En la ciudad hay mucha bulla, tráfico y problemas.

En la naturaleza, hay paz y tranquilidad. Los pájaros cantan, hay animalitos por todos lados y mucho silencio. Es un lugar en donde puedes pensar y estar en paz contigo misma. Cuando estamos en la naturaleza, la vida cambia por completo.

My boyfriend and I travel frequently. We travel to many different places. We like to travel to places like the beach, the mountains, and nature. We always enjoy time away from the city. In the city, there is a lot of noise, traffic, and problems.

In nature, there is peace and quiet. The birds sing, there are animals everywhere and a lot of silence. It is a place where you can think and be at peace with yourself. When we are in nature, life changes completely.

Para nuestras vacaciones de este año, cambiamos planes. Este año estamos en América. Es primera vez que vamos a América. Es un sueño hecho realidad. El problema es que estamos perdidos en una ciudad muy grande que no conocemos. Todo el tiempo tenemos que preguntar a las demás personas por direcciones. Hay personas muy amables que nos ayudan y otras personas que no nos ayudan.

A mi novio le encantan los museos. Pero el museo de historia natural está lejos de nuestro hotel. Le preguntamos a una persona en la calle, "disculpe, ¿cómo podemos llegar al museo de historia natural?" La persona muy amablemente nos dijo, "están lejos. Necesitan tomar un taxi".

For our vacation this year, we changed plans. This year we are in America. It is the first time that we go to America. It is a dream come true. The problem is that we are lost in a very large city that we do not know. All the time we have to ask other people for directions. There are very kind people who help us and other people who do not help us.

My boyfriend loves museums. But the natural history museum is far from our hotel. We asked a person on the street, "Excuse me, how can we get to the natural history museum?" The person very kindly told us, "They are far away. They need to take a taxi. "

Luego, yo le pregunto, "¿cuánto tiempo toma el taxi?" luego me responde, "en taxi toma unos veinte minutos". En realidad, está un poco lejos. Pero el museo vale la pena. Otros lugares que le interesan a mi novio son la galería de arte, el acuario y una exhibición de monedas antiguas. Él es aficionado a la historia y el arte.

Personalmente, yo soy aficionada a los deportes. Estoy interesada en conocer los estadios de los equipos deportivos de esta ciudad. En la calle, le preguntamos a un señor muy amable, "perdone, ¿en qué calle está el estadio de béisbol?" el señor responde, "el estadio se encuentra en la calle Primavera".

Then I ask him, "How long does the taxi take?" Then he replies, "It takes about twenty minutes by taxi." Actually, it's a bit far. But the museum is worth it. Other places my boyfriend is interested in are the art gallery, the aquarium, and an exhibition of old coins. He is fond of history and art.
Personally, I am a sports fan. I am interested in knowing the stadiums of the sports teams in this city. On the street, we asked a very kind man, "Excuse me, what street is the baseball stadium on?" The man replied, "The stadium is on Calle Primavera."

Luego, le pregunto, "¿podemos caminar desde acá?". "Sí", nos responde, "pueden caminar, pero son aproximadamente quince minutos". Entonces, empezamos a caminar. De hecho, el estadio está a unos veinticinco minutos, pero llegamos bien. Por cierto, el juego de béisbol está genial.

Aparte de béisbol, también quisiera ver un partido de basquetbol, mi deporte favorito, o jugar un poco de tenis. Me gusta estar activa todo el tiempo. Con mi novio, usualmente jugamos tenis los fines de semana. Es un deporte muy relajante y emocionante.

Then I ask him, "Can we walk from here?" "Yes," he replies, "they can walk, but it's about fifteen minutes." So we start walking. In fact, the stadium is about twenty-five minutes away, but we got there fine. By the way, the baseball game is great.
Aside from baseball, I'd also like to watch a basketball game, my favorite sport, or play some tennis. I like to be active all the time. With my boyfriend, we usually play tennis on the weekends. It is a very relaxing and exciting sport.

Nuestras vacaciones en América son por tres semanas. Es un tiempo en donde queremos hacer todas las actividades posibles. Nos gusta la historia y el deporte. Son gustos diferentes, pero no importa. Si nos perdemos, podemos preguntar, "¿en dónde queda XXXXX?" o "perdón, ¿por dónde es XXXX". Estas preguntas nos sirven para llegar al lugar que deseamos.

Our vacation in America is for three weeks. It is a time where we want to do all the possible activities. We like history and sports. They are different tastes, but it does not matter. If we get lost, we can ask, "where is XXXXX?" or "sorry, where's XXXX." These questions help us get to the place we want.

Si tú viajas, recuerda estas preguntas. También puedes preguntar, "¿Me puede ayudar? Estoy buscando XXXX" o "estoy perdida. No encuentro XXXXX. ¿Me puede indicar?" Estas frases son muy útiles para encontrar el lugar que deseas visitar. Si tienes algún problema, no dudes en buscar a la policía. Ellos siempre ayudan a los turistas.

If you travel, remember these questions. You can also ask, "Can you help me? I'm looking for XXXX "or" I'm lost. I can't find XXXXX. Could you show me?" These phrases are very useful to find the place you want to visit. If you have any problems, don't hesitate to find the police. They always help tourists.

Resumen de la historia

Mi novio y yo siempre vamos a lugares naturales en donde podemos estar en paz, lejos de la ciudad. Pero esta vez estamos en América. Estamos de vacaciones en una ciudad muy grande. A mi novio le encanta la historia y el arte. A mí me encantan los deportes. Quisiera ver un partido de basquetbol o jugar un poco de tenis. Si tenemos algún problema, podemos preguntar a las personas sobre cómo llegar o encontrar algún lugar. Las personas siempre nos ayudan cuando estamos perdidos. También podemos contar con el apoyo de la policía. Ellos siempre ayudan a los turistas.

Summary of the story

My boyfriend and I always go to natural places where we can be at peace, far from the city. But this time we are in America. We are on vacation in a very big city. My boyfriend loves history and art. I love sports. I would like to watch a basketball game or play some tennis. If we have a problem, we can ask people how to get there or find some place. People always help us when we are lost. We can also count on the support of the police. They always help tourists.

Vocabulary of the story

- Novio: boyfriend

- Frecuentemente: frequently

- Nos gusta: we like

- Playa: beach

- Montaña: mountain

- Naturaleza: nature

- Lejos: far away

- Bulla: noise

- Tráfico: traffic

- Paz: peace

- Tranquilidad: tranquility

- Pájaros: birds

- Animalitos: little animals

- Silencio: silence

- Pensar: think

- contigo misma: yourself

- cambia por completo: changes completely

- cambiamos: we change

- vamos: we go

- un sueño hecho realidad: a dream come true
- perdidos: lost

- preguntar: ask

- direcciones: directions

- amables: kind

- museos: museums

- museo de historia natural: natural history museum
- hotel: hotel

- disculpe, ¿cómo podemos llegar al museo de historia natural?: excuse me, how can we get to the natural history museum?

- están lejos. Necesitan tomar un taxi: You are far away. You need to take a taxi.

- ¿cuánto tiempo toma el taxi?: how long does the taxi take?
- en taxi toma unos veinte minutos: the taxi takes about twenty minutes

- poco lejos: a bit far away

- vale la pena: worth it

- galería de arte: art gallery

- acuario: aquarium

- exhibición: exhibition

- monedas antiguas: Antique coins
- aficionado: fan

- historia: history

- arte: art

- estadios: stadiums

- perdone, ¿en qué calle está el estadio de béisbol?: excuse me, on what Street is the baseball stadium?

- se encuentra: it is found

- ¿podemos caminar desde acá?: can we walk from here?

- pueden caminar, pero son aproximadamente quince minutos: you can work, but it is about fifteen minutes
- genial: great

- tenis: tennis

- relajante: relaxing

- emocionante: exciting

- posibles: possible

- no importa: doesn't matter

- perdemos: we are lost

- en dónde queda: where is

- por dónde es: where is

- ¿Me puede ayudar?: can you help me?

- Estoy buscando: I am looking for

- estoy perdida. No encuentro: I am lost. I can't find

- ¿Me puede indicar?: Can you tell me?

Exercises:

Questions about the story / Preguntas

1. ¿A dónde nos gusta ir?

    a. A lugares lejanos

    b. A lugares naturales

    c. A lugares complicados

    d. A lugares nuevos

¿Dónde estamos de vacaciones ahora?

    a. En América

    b. En una ciudad

    c. En un país

    d. En una casa

¿Cuáles son los lugares preferidos de mi novio?

      a.   Los museos y las galerías

      b.   La historia y el tenis

      c.   Los estadios y los juegos

      d.   La historia y los museos

4.   ¿Cuáles son mis lugares preferidos?

      a.   Los museos de arte

      b.   Los equipos deportivos

      c.   Los estadios de la ciudad

      d.   Los juegos de mesa

5.   ¿Cuál es mi deporte favorito?

      a.   Volíbol

      b.   Fútbol

      c.   Tenis

      d.   Ajedrez

Answers / Soluciones

1.   B

2.   A

3.   A

4.   C

5.   C

Chaper 29. Viajando por el espacio – Travelling through space

En la noche, cuando el cielo está negro, se pueden ver una gran cantidad de objetos. El objeto más grande es la luna. La luna brilla toda la noche. Cuando cae la noche, la luna es el objeto más brillante en el cielo. Es impresionante ver la luna alumbrar el cielo.

La luna tiene fases durante. Primero, está la luna nueva. Muchas veces, no se ve la luna nueva en el cielo. Luego, esta la luna en forma de creciente. En este caso, solo una parte de la luna es visible. Finalmente, está la luna llena. Esta es la fase más conocida de la luna. Cuando la luna está llena, ésta brilla por todo el cielo.

At night, when the sky is black, a large number of objects can be seen. The largest object is the moon. The moon shines all night. When night falls, the moon is the brightest object in the sky. It is impressive to see the moonlight up the sky.
The moon has phases. First, there is a new moon. Many times, the new moon is not seen in the sky. Then there is the crescent moon. In this case, only a part of the moon is visible. Finally, there is a full moon. This is the best-known phase of the moon. When the moon is full, it shines all over the sky.

Pero, la luna no es el único objeto que se visualiza en el cielo durante la noche. También hay estrellas, planetas y cometas. Estos objetos también brillan durante la noche. Son visibles y se puede observar desde la Tierra. En algunos casos, objetos como los cometas son perfectamente visibles sin la necesidad de un telescopio.

Otros objetos en el espacio son las galaxias, asteroides y los agujeros negros. Las galaxias son grupos de estrellas. Una galaxia contiene miles de millones de estrellas, entre otros objetos. Nuestra galaxia se le conoce como la Vía Láctea. Nuestra galaxia es pequeña en comparación con otras galaxias masivas que existen en el universo.

But, the moon is not the only object that is displayed in the sky at night. There are also stars, planets, and comets. These objects also glow at night. They are visible and can be seen from Earth. In some cases, objects like comets are perfectly visible without the need for a telescope.
Other objects in space are galaxies, asteroids, and black holes. Galaxies are groups of stars. A galaxy contains billions of stars, among other objects. Our galaxy is known as the Milky Way. Our galaxy is small compared to other massive galaxies that exist in the universe.

Los asteroides son rocas gigantescas que viajan por el espacio. Estas rocas pueden chocar contra otros asteroides u otros planetas. Cuando un asteroide choca contra un planeta, los resultados pueden ser desastrosos. Por ejemplo, se cree que un asteroide es la causa de la extinción de los dinosaurios.

En cuanto a los agujeros negros, se conoce muy poco sobre ellos. Se sabe que los agujeros negros son aperturas masivas en el espacio. Pero, no se sabe que hay adentro de ellos, o qué pasa si uno es atrapado dentro de uno de estos agujeros. Lo que sí es cierto es que existen en algunas partes del universo.

Asteroids are gigantic rocks that travel through space. These rocks can collide with other asteroids or other planets. When an asteroid collides with a planet, the results can be disastrous. For example, an asteroid is believed to be the cause of dinosaur extinction. As for black holes, very little is known about them. Black holes are known to be massive openings in space. But, it is not known what is inside them, or what happens if one is trapped inside one of these holes. What is certain is that they exist in some parts of the universe.

Nuestro planeta, la Tierra, existe dentro de un grupo de planetas llamado el sistema solar. El sistema solar está compuesto por el Sol, los planetas interiores y los planetas exteriores. Además, existe el cinturón de asteroides. También existen lunas que orbitan a cada planeta.

El planeta más cercano al Sol es Mercurio. Luego, sigue Venus, la Tierra y Marte. Estos son los planetas interiores. Después del cinturón de asteroides están los planetas exteriores, Júpiter, Saturno, Urano y Neptuno. Estos planetas son masivos. Son mucho más grandes que la Tierra, pero más pequeños que el Sol.

Our planet, Earth, exists within a group of planets called the solar system. The solar system is made up of the Sun, the inner planets, and the outer planets. Also, there is the asteroid belt. Some moons orbit each planet.
The closest planet to the Sun is Mercury. Then follows Venus, Earth and Mars. These are the inner planets. After the asteroid belt are the outer planets, Jupiter, Saturn, Uranus, and Neptune. These planets are massive. They are much larger than Earth, but smaller than the Sun.

Hasta el momento, no se sabe si hay vida en otros planetas. Quizá si hay, pero no sabemos con certeza. Lo que sí sabemos es que hay miles de millones de planeta con la posibilidad de tener vida. ¿Cuántos planetas hay con vida en el universo? No lo sabemos. ¿Existen extraterrestres? Tampoco lo sabemos. Probablemente sí los hay. Sí hay otros planetas con vida. Pero de pronto, no lo sabemos.

So far, it is not known if there is life on other planets. Maybe there is, but we don't know for sure. What we do know is that there are billions of planets with the possibility of having a life. How many planets are there alive in the universe? We do not know. Are there aliens? We don't know either. There probably is. Yes, there are other planets alive. But suddenly, we don't know.

Resumen de la historia

El espacio está lleno de estrellas, galaxias y agujeros negros. También existen asteroides que chocan con planetas como la tierra. Nuestro planeta es la Tierra. Es parte del sistema solar el cual está compuesto por el sol, lo planetas interiores y los planetas exteriores. Nuestro sistema solar es parte de un grupo de estrellas conocidas como una galaxia. Existen miles de millones de planetas en el universo, pero no sabemos si hay vida en alguno de estos planetas. Tampoco sabemos si hay extraterrestres. Solo sabemos que nuestra galaxia es pequeña en comparación con otras galaxias masivas en el universo.

Summary of the Story

Space is full of stars, galaxies and black holes. There are also asteroids that collide with planets like the earth. Our planet is Earth. It is part of the solar system which is composed of the sun, the inner planets and the outer planets. Our solar system is part of a group of stars known as a galaxy. There are billions of planets in the universe, but we don't know if there is life on any of these planets. Nor do we know if there are aliens. We only know that our galaxy is small compared to other massive galaxies in the universe.

Vocabulary of the story

- Noche: night

- Cielo: sky

- Negro: black

- Objetos: objects

- Luna: moon

- Brilla: shine

- Cae: falls

- Brillante: brilliant

- Alumbrar: light up

- Fases: phases

- luna nueva: new moon

- Muchas veces: many times

- Creciente: crescent

- Visible: visble

- Finalmente: finally

- luna llena: full moon

- Pero: but

- Único: only

- Visualiza: visualize

- Estrellas: stars

- Planetas: planets

- Cometas: comets

- Durante: during

- Tierra: Earth

- En algunos casos: in some cases

- Telescopio: telescope

- Galaxias: galaxy

- Asteroides: asteroids

- agujeros negros: black holes

- Vía Láctea: Milky Way

- Masivas: massive

- Universo: universe

- Rocas: rocks

- Gigantescas: gigantic

- chocar contra: collide with

- desastrosos: disastrous

- causa: cause

- extinción: extinction

- dinosaurios: dinosaurs

- aperturas: openings

- adentro: inside

- atrapado: trapped

- partes: parts

- Tierra: Earth

- sistema solar: solar system

- compuesto: composed

- Sol: Sun

- planetas interiores: inner planets

- planetas exteriores: outer planets
- cinturón de asteroides: asteroid belt
- orbitan: orbit
- cercano: close
- Mercurio: Mercury
- Venus: Venus
- Júpiter: Jupiter
- Saturno: Saturn
- Urano: Uranus
- Neptuno: Neptune
- más grandes: bigger
- más pequeños: smaller
- Hasta el momento: up to now
- Vida: life
- Quizá: maybe
- Certeza: certainty
- Posibilidad: possibility
- Extraterrestres: aliens
- Probablemente: likely
- de pronto: for now

Exercises:

Questions about the Story / Preguntas

1. ¿Qué hay en el espacio?

a. Planetas y estrellas

b. Planetas y tierra

c. Estrellas y espacio

d. Estrellas y cielo

¿Qué es el sistema solar?

a. Un grupo de asteroides

b. Un grupo de planetas

c. Un grupo de estrellas

d. Un grupo agujeros negros

¿Qué es una galaxia?

a. Un grupo de asteroides

b. Un grupo de planetas

c. Un grupo de estrellas

d. Un grupo agujeros negros

¿Cuáles son los planetas del sistema solar?

a. Los interiores y los cometas

b. Los exteriores y los asteroides

c. Los interiores y exteriores

d. Los asteroides y cometas

¿Cuál es nuestra galaxia?

a. El sistema solar

b. La luna y sol

c. La Vía Láctea

d.   Un agujero negro

Answers / Soluciones

1.   A

2.   B

3.   C

4.   C

5.   C

Chapter 30. La Sombra Que Había

Todo empezó aquel sábado en la noche cuando estaban prendiendo La Fogata del Campamento Vacacional. Hacía mucho frío. Había llovido durante tres días seguidos. Esa noche no estaba lloviendo, pero el frío ero de locos. Así que los niños y sus guías exploradores decidieron hacer la fogata más grande de todas las fogatas en la historia de las fogatas.

Recolectaron troncos y ramas por cinco horas y les llevo como dos horas terminaría. Cuando por fin la encendieron, el fuego era tan enorme que iluminado todo el bosque.

It all started that Saturday night when they were lighting the fire at the campsite. It was very cold. It had rained for three days straight, but that night, it was not raining. However, the cold was crazy. So the children and their scout guides decided to make the biggest fire of all campfires in the history of campfires.

They collected trunks and branches for five hours, and it took them about two hours to finish setting up the fire and getting it lit. When they finally lit it, the fire was so huge that it illuminated the entire forest.

El calor del fuego alboroto a los animales que se escuchaban al fondo, muy lejos, en lo más profundo de la jungla. Se esos escuchaban leones, monos, tigres, elefantes, leopardos, hipopótamos, panteras y toda clase de animales salvajes.

Pero nadie se asustaba. Eran niños muy valientes los que estaban ahí en ese campamento, cantaron canciones cómicas, contaron cuentos de espanto, tomaron chocolate caliente y comieron galletas. Todo estaba tranquilo y calmado.

The heat of the fire uprooted the animals that were heard in the background from far away and deep in the jungle. The animals that everyone heard were lions, monkeys, tigers, elephants, leopards, hippos, panthers, and all kinds of wild animals.

But nobody was scared. They were very brave children who were there in that camp. They sang funny songs, told scary stories, drank hot chocolate, and ate cookies. Everything was calm and tranquil.

Los dieciséis niños y los cinco guías estaban disfrutando al máximo hasta que escuchaban un ruido extraño. No lo había escuchado antes. Era como un elefante vomitando y estornudando al mismo tiempo. O como una pelea de monos lanzándole piedras a unos tambores. No se entendía muy bien qué era ese sonido tan raro. Hicieron silencio para escuchar mejor.

Por un momento el sonido raro siguió aumentando, pero a los pocos minutos se calmó. Ya no se escuchaba nada. Todos se quinta quietos.

The sixteen children and the five guides were enjoying themselves until they heard a strange noise. They had not heard it before. It was like an elephant vomiting and sneezing at the same time or like a monkey fight where they were throwing stones at some drums. It was not understood very well what that strange sound was. They were silent, so they could listen better.

For a moment, the strange sound continued to increase, but after a few minutes, it calmed down. Nothing was heard anymore. Everyone was still.

¡Me pica la cabeza! dijo uno de los niños.

¡A mí se me salieron los mocos!

Quiero hacer pipí, dijo otra niña.

¡Cállense todos!

Hablan silencio.

¿Dónde está mi chocolate? preguntó una niña.

Pueden hacer el favor de quedarse tranquilitos un momento, silenciosos, atentos y alertas, dijo uno de los guías del campamento.

"My head itches!" said one of the children.

"I got boogers!"

"I want to pee," said another girl.

"Shut up everyone!"

And there was a short silence.

"Where is my chocolate?" asked a girl.

"It would be good if you could do us the favor of being quiet for a moment—silent, attentive, and alert," said one of the camp guides.

Todos se calmaron, pasaron aproximadamente se escuchaba el viento. Las hojas de los árboles se movían en todas las direcciones. Después de ese lapso de tiempo, escucharon otro sonido totalmente diferente. Esta vez era como una trompeta desafinada o una jirafa ahogándose en una piscina, lo que era la bastante raro parada la jirafales el único animal que no emite ningún sonido. Son como los mismos de la selva.

En todo caso permanecieron tranquilos, los corazones y la espiración de todos se acere raba cada segundo.

Fue en ese instante cuando apareció de la nada un lobo que estaba, parado sobre sus dos patas y las otras dos patas eran como su brazos y manos. En una de ellas sostenía algo así como un paraguas o sombrilla. Todos se quedaron para licados y pacidos, más blancos que la nieve.

Everyone calmed down; the wind blew as the leaves of the trees moved in all directions. After a time, they heard another very different sound. This time, it was like a jagged trumpet or a giraffe drowning in a pool, which was rather rare. The giraffes are the only animal that emits no sound. They blend into the jungle.

In any case, they remained calm; their heart and perspiration accelerated every second. It was at that moment when a wolf appeared from nowhere, standing on its two legs, and the other two legs were like its arms and hands. In one of them, he held something like an umbrella. Everyone stayed still, whiter than snow.

¿El lobo se presentó?

No tengan miedo. Me nombre es Sombra. Vengo en paz a traerles un mensaje de la pachamama. Vengan conmigo.

¿A dónde? ¡A un picnic!

¡Hay helados!

¡Puedo llevar mi cámara para tomar fotos!

¡Niños, cálmense! Dejen hablar a él…bueno a la…Señor Lobo cosa. Disculpe usted, continúe, dejo uno de los guías a punto de hacerse pipi en los pantalones—solo sigan me tranquilos.

Los niños y los guías caminaron atrás del lobo lo siguieron por un sendero de árboles hasta que llegaron a una cueva.

Did the wolf show up?

"Do not be afraid. My name is Shadow. I come in peace to bring you a message from the pachamama. Come with me."

"Where? To a picnic!"

"There is ice cream!"

"I can take my camera to take pictures!"

"Children, calm down! Let him talk—well—Mr. Wolf. Excuse me, continue," said one of the guides, about to pee in his pants.

The children and the guides walked behind the wolf and followed him along a tree path until they reached a cave.

Cuando atravesaron la cueva se sorprendieron. Era algo extraordinario lo que pasaba a mi adentro; toda clase de animales convivan civilizadamente. La cueva era como una mini ciudad. Había una cebra y un león tomando café en una mesa, un elefante y una ardilla jugando ping pong, un tigre y un mapache jugando ajedrez, tres loros y tres tarántulas bailando tango, un hipopótamo dirigiendo una orquesta sinfónica compuesta por hormigas. Cuando salieron de la cueva, lo que encontraron del otro lado los impresionó mucho más.

When they crossed the cave, they were surprised. It was something extraordinary that happened inside; all kinds of animals lived together civilly. The cave was like a mini city. There was a zebra and a lion drinking coffee on a table, an elephant and a squirrel playing ping pong, a tiger and a raccoon playing chess, three parrots and three tarantulas dancing tango, and a hippo conducting a symphony orchestra made up of ants. When they left the cave, what they found on the other side impressed them much more.

Una enorme pantalla de cine que mostraba el futuro de la humanidad. Si los seres humanos no paraban de destruir la naturaleza y matar animales, eran unas imágenes realmente horribles, que mostraba al planeta tierra totalmente desolado. Como un gran cementerio, sin ningún signa de vida.

Ustedes deben llevar el mensaje, dijo el lobo. El ser humano debe aprender a ser civilizado como los animales.

A huge movie screen showed the future of humanity. If humans did not stop destroying nature and killing animals, horrible things would happen. The screen showed terrible images of the planet Earth looking totally desolate—like a great cemetery, without any signs of life.

"You must carry the message," said the wolf. "Human beings must learn to be civilized like animals."

Vocabulary of the story

a dónde (ah dohn-deh) Phrase – where or where to

adentro (ah-dehn-troh) Adverb – inside or in

ahogándose (ah-oh-gahr-doh-say) Transitive verb – to drown

ajedrez (ah-heh-drehs) Masculine noun - chess

alboroto (ahl-boh-roh-toh) Masculine noun – racket or disturbance

apareció (ah-pah-reh-see-oh) Intransitive verb – he or she appeared

aprender (ah-prehn-dehr) Transitive verb – to learn

aproximadamente (ah-prohk-see-mah-dah-mehn-teh) Adverb – approximately or around

árbol (ahr-bohl) Masculine noun – tree

ardilla (ahr-dee-yah) Feminine noun – squirrel

asustaba (ah-soos-tah-bah) Transitive verb – I frightened

atravesaron (ah-trah-beh-sah-rohn) Transitive verb – they crossed

aumentando (ow-mehn-tahr) Transitive noun – to increase

bailando (bay-lahn-doh) Transitive verb – to dance

bosque (bohs-keh) Masculine noun - woods

brazo (brrah-soh) Masculine noun - arm

cabeza (kah-beh-sah) Feminine noun - head

cállense (kah-yah-in-say) Command – be quiet

calor (kah-lohr) Masculine noun – heat or high temperature

caminaron (kah-mee-nahr) Intransitive verb – they walked

canción (kahn-syohn) Feminine noun - song

cantaron (kahn-tahr) Transitive verb – we sing

cebra (seh-brah) Feminine noun – zebra

cementerio (seh-mehn-teh-ryoh) Masculine noun – cemetery or graveyard

ciudad (syoo-dahd) Feminine noun – city or town

civilizadamente (see-villi-zah-dah-men-tey) Adjective – civilly

corazón (koh-rah-sohn) Masculine noun – heart

cuándo (kwahn-doh) Adverb – when

cueva (kweh-bah) Feminine noun - cave

desafinada (dehs-ah-fee-nah-doh) Adjective – out of tune

desolado (deh-soh-lah-doh) Adjective – desolate

destruir (dehs-trweer) Transitive verb – to destroy

dieciséis (dyeh-see-seys) Adjective – sixteen

dirigiendo (dee-ree-heen-doh) Transitive verb – to direct or manage

disculpe (dees-kool-pah) Intransitive verb – Excuse me

disfrutando (dees-froo-than-doh) Intransitive verb – to enjoy or to have

dónde está (dohn-deh ehs-tah) Phrase – Where is it?

elefante - (eh-leh-fahn-teh) Masculine noun - elephant

empezó (ehm-peh-soh) Intransitive verb – he or she began or started

encendieron (ehn-sehn-deh-rohn) Transitive verb – to turn on or to light

escuchaban (ehs-koo-cha-bahn) Transitive verb – to listen or to hear

espanto (ehs-pahn-toh) Masculine noun – fright or horror

estornudando (ehs-tohr-noo-dahr) Intransitive verb – to sneeze

extraño (ehks-trah-nyoh) Adjective – strange or odd

fogata (foh-gah-tah) Feminine noun – fire

frío (free-oh) Adjective – cold temperature

galleta (gah-yeh-tah) Feminine noun – cookies

guía (gee-ah) Masculine or Feminine noun – guide

helado (eh-lah-doh) Masculine noun – ice cream

hipopótamo (ee-poh-poh-tah-moh) Masculine or Feminine noun – hippopotamus

hora (oh-rah) Feminine noun – hour or time

hormiga (ohr-mee-gah) Feminine noun - ant

jugando (hoo-gahn-doh) Intransitive verb – to play

lanzándole (lahn-san-doh-ley) Transitive verb – throwing him

lejos (leh-hohs) Adverb – far away

león (leh-ohn) Masculine noun - lion

leopardo (leh-oh-pahr-doh) Masculine noun – leopard

llegaron (yeh-gah-rohn) Intransitive verb – they arrived

llovido (yoh-bee-doh) Masculine noun - rained

lobo (loh-boh) Masculine noun – wolf

loro (loh-roh) Masculine or Feminine noun – parrot

mano (mah-noh) Feminine noun – hand

mapache (mah-pah-cheh) Masculine noun – raccoon

matar (mah-tahr) Transitive verb – to kill

Me nombre es (mee nohm-breh ehs) Phrase – My name is

mensaje (mehn-sah-heh) Masculine noun – message

mesa (meh-sah) Feminine noun – table

miedo (myeh-doh) Masculine noun – fear

mismo (mees-moh) Adjective – same

moco (moh-koh) Masculine noun – mucus or booger

mono (moh-noh) Masculine noun – monkey

mostraba (mohs-trah-bah) Transitive verb – I showed

niños (nee-nyoh) Masculine or Feminine Plural noun – children or youngsters

noche (noh-cheh) Feminine noun – night

otro (oh-troh) Adjective – other or another

pachamama (pah-chua-mah-mah) Feminine noun – Mother Earth

pantalla (pahn-tah-yah) Feminine noun – screen or monitor

pantalón (pahn-tah-lohn) Masculine noun – pants

pantera (pahn-teh-rah) Feminine noun – panther

paraguas (pah-rah-gwahs) Masculine noun - an umbrella

pasaron (pah-sah-rohn) Transitive verb – they passed

pata (pah-tah) Feminine noun – leg

paz (pahs) Feminine noun – peace

pelea (peh-leh-ah) Feminine noun – fight

permanecieron (pehr-mah-neh-she-rohn) Intransitive verb – they stayed

prendiendo (prehn-dehn-doh) Transitive verb – to catch or to light

quedarse (keh-dahr-seh) Reflexive verb – to stay

quiero (keh-rehr-oh) Transitive verb – I want

ramas (rrah-mah) Feminine noun – branch of a tree

raro (rrah-roh) Adjective – rare or strange

realmente (rreh-ahl-mehn-teh) Adverb – actually or really

recolectaron (rreh-koh-lehk-tah-rohn) Transitive verb – they collected

ruido (rrwee-doh) Masculine noun – noise

sábado (sah-bah-doh) Masculine noun – Saturday

salvajes (sahl-bah-heh) Adjective – wild

seguido (seh-gwee-doh) Adjective – consecutive or in a row

signa (cig-nah) Transitive verb – sign

sonido (soh-nee-doh) Masculine noun – sound

sorprendieron (sohr-prehn-deh-rohn) Transitive verb – they surprised

sostenía (sohs-teh-neh-ah) Transitive verb – I held

tambor (tahm-bohr) Masculine noun – drum

tarántula (tah-ran-too-lah) Feminine noun – a tarantula

terminaría (tehr-mee-nahr-era) Intransitive verb – I would end

tigre (tee-greh) Masculine or Feminine noun – tiger

traerles (trah-her-lehs) Transitive verb – to bring

tranquilo (trahny-kee-loh) Adjective – calm or quiet

tres (trehs) Adjective –three

trompeta (trohm-peh-tah) Feminine noun – trumpet

tronco (trohng-koh) Masculine noun – trunk of a tree

ustedes (oos-tehd-ehs) Pronoun – you (plural)

valientes (bah-lyehn-teh) Adjective – brave

vengan conmigo (behn-gahn kohn-mee-goh) Phrase – Come with me (plural)

viento (byehn-toh) Masculine noun – wind

vomitando (boh-mee-than-doh) Intransitive verb – to vomit

Exercises:

Questions about the Story / Preguntas

1. ¿Cómo se llamaba el lobo?

   a.   Juan

   b.   Sombra

   c.   Pedro

2. Que había adentro de la cueva

   a.   Una mini ciudad

   b.   Un aeropuerto

   c.   Un salon de belleza

3. ¿Cuántos niños había en el campamento?

   a.   Cuatro

   b.   Doce

   c.   Dieciséis

Answers / Soluciones

b, a, c

Conclusion

Congratulations, dear listener!

We hope you have enjoyed reading our stories. We hope that through our pages you have found everything you expected and much more. With the help of our translations, summaries, vocabulary, and questions, you are more prepared to travel, engage in conversations with people from Latin America and Spain. We hope you enjoyed this nine-story trip! We hope we have inspired you to travel, read more, and continue studying! Good luck.

Bonus

Chapter 4 Una noche oscura – A Dark Night

En ésta historia, estaba solo en casa y era una noche oscura. Había una tormenta afuera, y no habían luces en la casa. Decidí irme a la cama, y de pronto vi una figura aterradora en mi ventana.

Entonces dije, "¿Quién eres?"

De pronto, un brillo de luz golpeo un árbol cerca de la casa. Ví hacia afuera, y la cara aterradora de un lobo apareció. Los días anteriores, un canal de televisión de noticias anuncio que un lobo se había escapado del circo local, y que aún lo estaban buscando. Estaba muy asustado, y corrí hacia mi manta en la cama, y me cubrí la cabeza con ella. Entonces, intenté salvarme llamando a mi mamá y a mi papá, pero no respondieron. Recordé que no estaban en casa, y no volverían hasta mañana.

De repente, escuche pasos, y me asusté mucho.

El sonido de los pasos se hizo más alto, y luego se detuvo.

Intenté ir a dormir otra vez, pero no pude. Estaba muy asustado y mi mente estaba llena de imágenes y sonidos atemorizantes. Luego de algunas horas, me dormí.

La mañana siguiente desperté a las 7, y encendí el televisor. En el canal de noticias, y el gerente del circo dijeron que el lobo había sido atrapado durante la noche. Las noticias me aliviaron mucho, e inmediatamente me sentí mejor.

Fui al cuarto de mis padres para decirles lo que había pasado durante la noche. Les dije que finalmente el lobo había sido atrapado.

Estaban impactados, y decidieron no dejarme solo en casa otra vez. Al menos, no durante la noche.

Ok, ahora hagamos un ejercicio rápido: te haré 5 preguntas. Trata de responder y luego de las preguntas, te daré las respuestas.

Preguntas:

1 – ¿Qué animal apareció en la ventana?

2 – ¿A qué hora se despertó la mañana siguiente?

3 – ¿Dónde vivía el lobo anteriormente?

4 – ¿Cuándo volverían sus padres?

5 – ¿Qué decidieron hacer los padres luego de escuchar la historia?

Questions:

1 – What animal appeared outside the window?

2 – At what time did he wake up the following morning?

3 – Where did the wolf live before?

4 – When would the parents come back?

5 – What did the parents decide to do after they listened to the story?

Respuestas:

1 – Lobo

2 – Siete

3 – En un circo

4 – La mañana siguiente

5 – No dejarlo solo en la casa por las noches

Answers:

1 – Wolf

2 – Seven

3 – In a local circus

4 – Next morning

5 – To not leave him alone at home

Translation

In this story, I was alone at home and it was a dark night. There was a thunderstorm outside and no lights on in the house. I decided to go to bed and suddenly I saw a scary figure outside of my window.

Then I said, "Who are you?"

All of a sudden a flash of lightning hit a tree near the house. I looked outside and the scary face of a wolf appeared. In the previous days, a television news channel announced that a wolf had run away from a local circus and they were still looking for him. I was very scared, and I ran under the blanket in my bed, and I covered my head with it. Then I tried to save myself by shouting for my mom and daddy but they didn't reply. I remembered that they were not at home and they would not come back until tomorrow.

Suddenly I heard footsteps and I became very very scared.

The sound of footsteps got louder and then stopped.

I tried to go to bed and sleep one more time, but I couldn't. I was too frightened and my room was full of scary sounds and images. After some hours I fell asleep.

The following morning I woke up at seven and switched on the television. On the news channel, the local circus manager said that the wolf had been trapped during the night. That news relieved me so much and I immediately felt better.

I went to my parents' room to tell them what happened to me during the night. I told them that finally the wolf has been caught.

They felt shocked and decided to not leave me home alone again. At least not during the night.

Ok let's now start a quick exercise: I am going to ask you 5 questions. Try to reply and after the questions, I will give you the answers.

Chapter 5 El detective – The Detective

Esta es la historia del caso más importante del detective Morgan. El detective Morgan era un hombre muy **alto** y muy **fuerte**. Tenía el pelo negro y un poco largo. El detective trabajaba resolviendo **crímenes** y otros casos. Trabajaba desde hace muchos años en resolver crímenes. Vivía en una ciudad muy **apartada**. Era una ciudad pequeña pero siempre había casos por **resolver**.

Él siempre entraba a trabajar a las 8 de la mañana. Un martes, se levantó de la cama y fue a la cocina. Preparó su café con un nuevo café que había comprado en la nueva tienda de la **esquina**. La nueva tienda de la esquina vendía productos **extranjeros**. A Morgan le gustaba mucho probar **sabores** nuevos y **por eso** siempre compraba allí.

Abrió el armario y sacó una taza para echar el café. Después, abrió la nevera, sacó la leche y la echó en el café. Se sentó en la mesa de la cocina. Mientras bebía su café, leía el **periódico**. No había nada interesante, como siempre. Las noticias del periódico de la ciudad eran aburridas. Cuando pasó varias páginas, encontró algo:

–¡Vaya! –dijo Morgan con el periódico en la mano– ¡Esto es increíble!

Morgan estaba leyendo el periódico. Leyó un artículo que le interesaba. El artículo hablaba sobre un **castillo** a las **afueras** de la ciudad. El castillo era un edificio muy **antiguo** y muy grande. El **dueño** del castillo era un señor con muchísimo dinero. Este señor se llamaba Harrison.

–**¡No me lo puedo creer!** –dijo Morgan mientras leía el artículo.

El artículo decía que en el castillo había ocurrido algo. Había ocurrido algo malo. No acabó de leer el artículo ni de beber el café, pero **sonó el teléfono** de su casa.

–**¡Qué casualidad!**

Morgan se levantó y habló con su jefe.

–Buenos días, Morgan.

–Buenos días, jefe. ¿Qué noticias hay?

–Necesito que vengas al **despacho**.

–¿Ha ocurrido algo?

Morgan preguntaba si había ocurrido algo porque era una ciudad tranquila, pero el artículo del periódico era algo importante y **relacionado** con eso.

–Sí, Morgan. ¿Sabes lo que ha ocurrido?

–No, no lo sé.

–Nosotros tampoco. ¿Has leído el artículo del periódico?

–Sí, he leído algo.

–Necesito que vengas al despacho ya. **¡Deprisa!**

–Estoy en camino.

Morgan colgó el teléfono y cogió su **abrigo**. Su abrigo era negro y muy largo, casi le llegaba al **suelo**. Le gustaba porque abrigaba mucho cuando hacía frío en invierno. Salió de su casa y entró en su coche. **Arrancó el coche** y se dirigió al despacho.

El despacho estaba en otra parte de la ciudad, lejos de donde él vivía. Era menos tranquilo y había más gente, pero seguía siendo una zona tranquila. Morgan **se bajó del coche** y vio la puerta de su despacho. Allí, estaba el **guardia de seguridad**. Le dijo a Morgan:

–Buenos días, señor. Bienvenido.

–Hola, buenos días, gracias –dijo Morgan.

El detective entró en el edificio. Dentro, la gente estaba **nerviosa**. Trabajaban mucho y muy deprisa. Algo importante estaba pasando seguro.

Morgan subió las escaleras y pasó por varios despachos. Al final, vio su puerta y llegó a ella. En la puerta había un **letrero** con su nombre. Antes de entrar, el jefe lo vio y le dijo:

–¡Morgan, aquí!

El jefe quería que el detective entrase en su despacho, así que entró.

–Siéntate –le dijo el jefe.

Morgan se sentó en la silla del despacho del jefe. El jefe empezó a hablar:

–Vale. Buenos días de nuevo. **Vamos a hablar** sobre este asunto.

—¿Qué asunto? —dijo el detective.

—El periódico ha escrito un artículo, pero todavía no saben qué pasa.

—¿Y usted lo sabe, jefe?

—Sí, por eso te he hecho venir al despacho.

El detective notó que su jefe estaba algo nervioso, pero no preguntó. Simplemente siguió la conversación.

—Entiendo, ¿qué es lo que ocurre, jefe? ¿Ha ocurrido algo importante?

—Sí, Harrison ha vuelto al castillo.

Morgan se quedó pensando. Eso no era importante. Era algo normal. Inusual, pero normal. A veces, volvía al castillo y pasaba varios días allí. Después se iba y dejaba el castillo cerrado.

—Pero jefe, eso es algo normal.

—Sí, es algo normal.

—¿Entonces? No entiendo.

—Siempre que Harrison vuelve al castillo, se vuelve a ir en una semana. Y sigue allí.

El detective Morgan no veía nada raro. ¿Por qué tanto misterio?

—Sigo sin entender nada.

—Han oído **gritos** en el castillo.

—¿Gritos?

—Sí, detective. Seguramente gritos de Harrison. Algo ha pasado en el castillo, o está pasando. No sabemos qué está pasando pero seguro que nada bueno.

—Si hay gritos, no puede ser nada bueno.

—Exacto, detective. Y queremos que tú vayas al castillo a investigar.

—¿Por qué yo?

–Eres nuestro mejor detective. Queremos que vayas al castillo y resuelvas el asunto. Ten mucho cuidado, puede haber mucho peligro.

El detective Morgan no tenía **miedo**. Era un hombre muy **valiente** y muy **preparado** para este tipo de situaciones. El jefe siguió hablando:

–Coge tu coche y ve al castillo antes de que se haga de noche. Busca a Harrison y vuelve. Queremos saber qué pasa en el castillo.

–Está bien. ¿**Desea algo más**, jefe?

–Nada más. Es todo. Coge tu pistola y repito: **ten mucho cuidado**.

–Lo tendré.

Morgan se levantó de la silla y se despidió de su jefe. Salió del despacho, del edificio y entró de nuevo en su coche. Se llevó su abrigo con él. Arrancó el coche y se dirigió al **bosque** cercano. Allí, había una carretera que llevaba al castillo.

Resumen de la historia

El detective Morgan trabajaba en una ciudad muy tranquila. Un día, leyó el periódico y había un artículo interesante: había ocurrido algo en el castillo de las afueras. El jefe lo llama por teléfono para ir a trabajar. El jefe le cuenta que el dueño del castillo, Harrison, ha desaparecido y ha habido gritos. Quiere que Morgan visite el castillo.

Summary of the History

Detective Morgan worked in a very quiet city. One day he read the newspaper and there was an interesting article: something had happened in the castle outside. The boss calls him on the phone to go to work. The boss tells him that the owner of the castle, Harrison, has disappeared and that there have been screams. He wants Morgan to visit the castle.

Vocabulario

Alto = tall

Fuerte = strong

Los crímenes = crimes

Apartada = remote

Resolver = solve

La esquina = corner

Extranjeros = foreign

Los sabores = taste, flavour

Por eso = for that reason, that's why

El periódico = newspaper

El castillo = castle

Las afueras = outskirts

Antiguo = ancient

El dueño = owner

¡no me lo puedo creer! = i can't believe it!

Sonó el teléfono = the telephone rang

¡qué casualidad! = what a coincidence!

Despacho = office

Relacionado = related

¡deprisa! = quickly!

El abrigo = coat

El suelo = floor

Arrancó el coche = started the car

Se bajó del coche = got off the car

El guardia de seguridad = security guard

Nerviosa = nervous

El letrero = sign

Vamos a hablar = we're going to talk

Los gritos = screams

El miedo = fear

Valiente = brave

Preparado = qualified, trained

¿desea algo más? = would you like anything else?

Ten mucho cuidado = be very careful

Bosque = forest

Preguntas

Seleccione una única respuesta por cada pregunta

1. La ciudad donde vive el detective es:

a. Ruidosa

b. Tranquila

c. Es una ciudad muy grande

d. Es una granja

2. El detective Morgan bebe:

a. Cerveza

b. Cacao

c. Agua

d. Café

3. El dueño del castillo:

a. Vive siempre allí

b. Lo visita pocas veces

c. Lo visita muchas veces

d. Es desconocido

4. Morgan tiene un despacho propio:

a. Es correcto

b. No es correcto

5. El jefe le dice a Morgan:

a. Ve a casa

b. Ve al despacho

c. Ve al castillo

Respuestas

1. a

2. d

3. b

4. a

5. c

Chapter 10 El Examen de Matemáticas – The Math Exam

Iván y Jairo estaban en la clase de matemáticas. Ellos estaban conversando con otros amigos, cuando de repente el profesor salió del aula. Iván, Jairo y los demás estudiantes empezaron a sentirse nerviosos al ver que el profesor estaba saliendo del aula. Pero, ¿por qué sentían así?

Iván, Jairo y los demás estudiantes sabían que el profesor de matemáticas pensaba tomar un examen ese mismo día, pero la clase estaba a punto de terminar. Sólo faltaba media hora para que la clase acabara, por lo que muchos estudiantes pensaron que el profesor no iba a tomar el examen y que tal vez el profesor iba a tomar el examen la siguiente semana.

Todo estaba bien, hasta que el profesor salió. Eso sólo podría significar algo: el profesor había ido a traer los exámenes. Los estudiantes no podían creerlo. No sólo el profesor estaba dispuesto a tomar el examen, el profesor también sólo iba a dar 30 minutos, o incluso menos, para que ellos puedan terminar el examen.

Eso les parecía muy injusto a todos los estudiantes. Ellos no sabía que hacer. Muchos de ellos no habían estudiado. Algunos sí habían estudiado para el examen. ¿Qué hay de Jairo e Iván? Bueno, ellos no habían estudiado nada para el examen de matemáticas.

Ellos trabajan en las tardes en una tienda en el centro comercial. Por eso, ellos no tuvieron suficiente tiempo para estudiar. Algunos otros compañeros también trabajan en la tarde o después de clases y por eso no estudiaron. Pero ellos sabían muy bien que el profesor no iba a creer esa excusa.

La verdad es que Iván y Jairo sí tenían tiempo para estudiar. El profesor de matemáticas había anunciado que iba a tomar un examen hace 2 semanas. Iván y Jairo no trabajan todos los días. Es más, ellos no trabajan los fines de semana. Ellos podrían haber estudiado el sábado, pero no lo hicieron porque prefirieron jugar videojuegos en la casa de Jairo.

Ellos pudieron haber estudiado el domingo, pero prefirieron jugar fútbol y no estudiar nada. En pocas palabras, ellos fueron muy irresponsables. Ahora que ellos no están preparados para tomar el examen, ellos están muy, muy nerviosos.

Algunos compañeros intentan estudiar lo que pueden antes que el profesor regrese al aula con los exámenes. Iván intenta hacer lo mismo, pero son tantas cosas las que él tiene que estudiar, que después de sólo unos minutos, él se rinde y decide dejar de estudiar.

Por otro lado, Jairo sí quiere estudiar un poco, pero él se ha olvidado su cuaderno de matemáticas, así que él tiene que estudiar con otro compañero de clases. Finalmente, antes que Jairo pueda acabar de estudiar, el profesor entra al salón de clases y dice a la clase que tomen asiento rápidamente.

Iván, Jairo y sus demás compañeros toman asiento y guardan todos sus libros y cuadernos que tienen en la mesa. Al profesor de matemáticas no le gusta que sus compañeros copien, por eso, el estará caminando entre los alumnos y estará muy vigilante a lo que ellos hagan. El profesor ahora pasa por los asientos de cada alumno y pone los exámenes en sus respectivos pupitres.

Iván mira el examen. Después de escribir su nombre, él se da con la sorpresa que él sabe la respuesta a la primera pregunta, también a la segunda, y la tercera. Iván está muy sorprendido que casi todas las preguntas estén muy fáciles. Claro, hay ciertas preguntas cuyas respuestas él no tiene, pero la gran mayoría de preguntas son muy fáciles para él.

Jairo, quien estudió unos minutos antes de que el examen comenzara, se da con la sorpresa de que muchas de las preguntas que hay en el examen, son preguntas que él nunca ha estudiado. Jairo sabe algunas respuestas, pero no las sabe todas. Algunos de sus compañeros de clases están tomando el examen, y tal parece que lo están haciendo bien porque muchos de ellos no dejan de escribir.

Iván sabe las respuestas porque él siempre hace la tarea de matemáticas. Él nunca he dejado de hacer todo las tareas de matemáticas y siempre ayuda al profesor con los proyectos. No se puede decir lo mismo de Jairo. Él nunca hace su tarea de matemáticas. El profesor ya le ha dicho varias veces que él debe esforzarse más si quiere aprobar la clase, pero tal parece que a él no le importa mucho.

Dos semanas después, todos los estudiantes reciben sus calificaciones. Iván aprobó el examen fácilmente mientras que Jairo desaprobó el examen. Aun así, Jairo no se rinde, él le preguntará al profesor de matemáticas si puede tomar un examen sustitutorio la siguiente semana. Ahora habrá que ver si el profesor querrá tomar otro examen para Jairo y los demás estudiantes que desaprobaron.

Resumen de la historia

Iván y Jairo son amigos que están estudiando. Ellos están en la clase de matemáticas cuando el profesor les dice que él tomará un examen. Ellos sabían que el profesor iba a tomar un examen ese día, pero pensaban que no lo iba a tomar ya que la clase estaba a punto de acabar.

Iván y Jairo no han estudiado nada para el examen. Pero ellos no son los únicos. Muchos otros de sus compañeros tampoco han estudiado y piensan que ellos desaprobaran el examen. Iván intenta estudiar, pero se aburre rápido. Por otro lado, Jairo estudia lo más que pueda antes que el profesor regrese al salón de clases con los exámenes.

Al final, Jairo desaprueba el examen mientras que Iván lo aprueba. Jairo no se rinde e intenta preguntar al profesor si él puede volver a tomar el examen para él y para los otros compañeros de clases que desaprobaron el examen.

Summary of the story

Iván and Jairo are friends that are studying. They are in math class when the teacher tells them that he will take an exam. They knew that the teacher would take an exam on that day, but they thought that he wouldn't take it because the class was about to finish.

Iván and Jairo haven't studied at all for the exam. But they are not the only ones. Many other of his classmates haven't also studied and they think that they have failed the exam. Iván tries to study, but he gets bored quickly. On the other hand, Jairo studies as much as he can before the teacher comes back to the classroom with the exams.

In the end, Jairo fails the exam while Ivan passes. Jairo doesn't give up and tries to ask the teacher if he can take the exam again for him and the other students that failed the exam.

Vocabulary

matemáticas	math
conversando	talking
de repente	suddenly
aula	classroom
traer	bring
terminar	finish
injusto	unfaur
anunciado	announced

280

palabras	words
nerviosos	nervous
compañeros	classmates
exámenes	exams
minutos	minutes
calificaciones	grades
querrá	will want

Preguntas

1. ¿Dónde están Iván y Jairo?

2. ¿Sabían los estudiantes que el profesor de matemáticas iba a tomar el examen ese día?

3. ¿Por qué pensaron los estudiantes que el profesor no iba a tomar el examen?

4. ¿Qué hicieron Iván y Jairo antes de tomar el examen?

5. ¿Cuándo anunció el profesor que iba a tomar el examen?

6. ¿Qué hicieron Iván y Jairo durante el fin de semana?

7. ¿Dónde trabajan Iván y Jairo?

8. ¿Cuándo recibieron los resultados de los exámenes?

9. ¿Quién aprobó el examen, y quién lo desaprobó?

10. ¿Por qué Iván aprobó el examen?

11. ¿Por qué desaprobó Jairo el examen?

Translation

Iván and Jairo were in math class. They were chatting with other friends, when suddenly the teacher left the classroom. Iván, Jairo and the other students began to feel nervous when they saw that the teacher was leaving the classroom. But why did they feel that way?

Iván, Jairo and the other students knew that the math teacher was planning to take an exam that same day, but the class was about to end. It was only half an hour before the class was over, so many students thought that the teacher was not going to take the exam and that perhaps the teacher was going to take the exam the following week.

Everything was fine, until the teacher came out. That could only mean something: the teacher had come to bring the exams. The students could not believe it. Not only was the teacher willing to take the exam, the teacher was also only going to give 30 minutes, or even less, for them to finish the exam.

That seemed very unfair to all the students. They did not know what to do. Many of them had not studied. Some had studied for the exam. What about Jairo and Iván? Well, they hadn't studied at all for the math test.

They work in the evenings at a store in the mall. So they did not have enough time to study. Some other colleagues also work in the afternoon or after school and that is why they did not study. But they knew very well that the teacher was not going to believe that excuse.

The truth is that Iván and Jairo did have time to study. The math teacher had announced that he was going to take an exam 2 weeks ago. Iván and Jairo do not work every day. What's more, they don't work on weekends. They could have studied on Saturday, but they didn't because they preferred to play video games at Jairo's house.

They could have studied on Sunday, but they preferred to play soccer and not study at all. In short, they were very irresponsible. Now that they are not ready to take the exam, they are very, very nervous.

Some classmates try to study what they can before the teacher returns to the classroom with the exams. Iván tries to do the same, but there are so many things that he has to study, that after only a few minutes, he gives up and decides to stop studying.

On the other hand, Jairo does want to study a little, but he has forgotten his math notebook, so he has to study with another classmate. Finally, before Jairo can finish studying, the teacher enters the classroom and tells the class to take a seat quickly.

Iván, Jairo and their other colleagues take a seat and keep all their books and notebooks on the table. The math teacher does not like his classmates to copy, so he will be walking among the students and will be very vigilant about what they do. The teacher now goes through the seats of each student and puts the exams in their respective desks.

Ivan looks at the exam. After writing his name, he is surprised that he knows the answer to the first question, also the second, and the third. Iván is very surprised that almost all the questions are very easy. Sure, there are certain questions whose answers he doesn't have, but the vast majority of questions are very easy for him.

Jairo, who studied a few minutes before the exam began, is surprised that many of the questions on the exam are questions that he has never studied. Jairo knows some answers, but he doesn't know all of them. Some of his classmates are taking the test, and it seems that they are doing well because many of them do not stop writing.

Ivan knows the answers because he always does the math homework. He has never stopped doing all the math homework and always helps the teacher with projects. The same cannot be said of Jairus. He never does his math homework. The teacher has already told him several times that he must try harder if he wants to pass the class, but it seems that he does not care much.

Two weeks later, all students receive their grades. Ivan passed the exam easily while Jairus failed the exam. Still, Jairo doesn't give up, he will ask the math teacher if he can take a substitute exam the following week. Now it remains to be seen if the teacher will want to take another exam for Jairo and the other students who failed.

Respuestas

1. Iván y Jairo están en la clase de matemáticas

2. Sí, ellos sabían que el profesor iba a tomar un examen ese día

3. Porque sólo faltaba treinta minutos para que la clase acabara

4. Iván y Jairo se pusieron a estudiar antes de que el examen empezara

5. El profesor anunció que iba a tomar un examen hace dos semanas

6. Iván y Jairo jugaron videojuegos y jugaron fútbol el fin de semana

7. Iván y Jairo trabajan en el centro comercial

8. Ellos recibieron los resultados dos semanas después

9. Iván aprobó el examen y Jairo lo desaprobó

10.   Porque Iván siempre hace su tarea de matemáticas y siempre ayuda al profesor con los proyectos.

11.   Porque él nunca hace su tarea.

Chapter 11 La Familia De Pascual – Pascual's Family

La familia de Pascual es una familia **peculiar**, no solo por el número de miembros, que, si contamos desde los inicios, son cientos, porque hay muchos gemelos en la familia, sino porque les gusta mucho apostar a todos y jugarse las cosas al azar.

Pascual es el menor de seis hermanos. Bueno, mejor dicho, son tres parejas de gemelos y Pascual fue el último en nacer.

Entre cada par de gemelos solo se llevan dos años y siempre han estado bastante **bien avenidos**.

Los padres de Pascual son los dos profesores. Ahora ya están jubilados y se han ido a vivir a la Manga del Mar Menor.

Todos los gemelos son profesores también, pero cada uno de una especialidad diferente.

Arturo, el mayor de todos, es profesor de geografía.

Andrés da clases de matemáticas en una escuela de secundaria.

Vicente es profesor de música en el **conservatorio**.

Víctor es profesor de alemán en la universidad.

Pedro es profesor de educación física en una escuela primaria.

Y Pascual da clases de cocina en una **academia de restauración**.

Lo de ser profesor les viene a todos por una apuesta con sus padres. Una noche de **semana santa**, después de cenar, su madre les preguntó si ya sabían que querrían ser cuando fueran mayores. Ellos siempre bromeaban con que nunca trabajarían ni se irían de casa sus padres, pues allí estaban bien y tenían de todo. Su madre entones les dijo, que si acertaba el grupo musical o cantante de la primera canción que iba a sonar en la radio en cuanto la encendiera, ella decidiría por ellos en lo que iban a trabajar. Ellos no duraron ni un momento en aceptar la apuesta pues pensaban que era imposible que acertara. Se lo pensó un par de minutos y dijo que iba a sonar una canción de Abba. **Encendió** la radio y así fue. Nadie se lo podía creer. Ellos se quedaron **boquiabiertos**. Y entonces les dijo que deberían dedicarse a la enseñanza pues ella creía que todos disponían de cualidades para ser buenos profesores, pero que cada uno tendría que escoger la especialidad que más le gustase.

Al principio se quejaron, pero al poco tiempo cada uno tenía claro lo que quería enseñar. Así es como en la familia de Pascual han acabado todos siendo profesores. ¡**Menos mal** que a la madre no se le ocurrió decirles que fueran astronautas!

Questions:

How many pairs of twins are in Pascual's family?

1. 6
2. 3
3. 2
4. 1

Where is teaching Pascual?

1. En una escuela primaria
2. En una escuela secundaria
3. En un instituto
4. En la universidad

What band sounds on the radio?

1. Tina Turner
2. Bruce Springsteen
3. Abba
4. The Beach Boys

Who wins the bet?

1. La madre
2. El padred
3. Pascual

4. El hermano mayor

Pascual's family is a peculiar family, not only because of the number of members, which, if we count from the beginning, are hundreds because there are many twins in the family, but because they like to bet on everything and play things randomly .

Pascual is the youngest of six brothers. Well, rather, there are three pairs of twins and Pascual was the last to be born.

Between each pair of twins they only take two years and have always been quite well avenues.

Pascual's parents are the two teachers. Now they are retired and have gone to live in the Manga del Mar Menor.

All twins are teachers too, but each of a different specialty.

Arturo, the eldest of all, is a geography teacher.

Andrés teaches math in a high school.

Vicente is a music teacher at the conservatory.

Victor is a professor of German at the university.

Pedro is a physical education teacher in an elementary school.

And Pascual teaches cooking at a catering academy.

Being a teacher comes to everyone for a bet with their parents. One night of Holy Week, after dinner, their mother asked if they already knew what they wanted to be when they were older. They always joked that their parents would never work or leave home, because they were well there and had everything. Her mother then told them that if the musical group or singer of the first song that was going to play on the radio was right as soon as she turned it on, she would decide for them what they were going to work on. They did not last a moment to accept the bet because they thought it was impossible for him to succeed. He thought about it for a couple of minutes and said that a song by Abba was going to play. He turned on the radio and it was. No one could believe it. They were speechless. And then he told them that they should dedicate themselves to teaching because she believed that everyone had the qualities to be good teachers, but that each one would have to choose the specialty they liked best.

At first they complained, but soon everyone was clear about what they wanted to teach. This is how everyone in Pascual's family has ended up being teachers. Luckily, it didn't occur to the mother to tell them they were astronauts!

Chapter 12 El Ultimo Verano – The Last Summer

El último verano fui a la Costa Brava. Estuve en Cadaqués una semana. Cadaqués es un **pueblo pescador** muy bonito situado al norte, muy cerca de Francia.

Cada mañana me levantaba e iba a desayunar a la cafetería de la esquina. Paquita, que es la **dueña** de la cafetería, ya me conocía y me tenía preparado el desayuno antes de que fuera: zumo de naranja y tostadas con pan con tomate y embutido. Después de desayunar aprovechaba para ir a comprar algo de fruta fresca para llevarme a la playa.

Los martes, además, había **mercadillo** y allí podías comprar además de fruta y hortalizas, ropa, complementos, bisutería…. ¡De todo!

En la paya me encontraba con Frank y Pamela. Frank y Pamela eran dos italianos que había conocido allí. **Nos llevamos bien** desde el primer día. Frank Y Pamela eran muy majos y divertidos. No era la primera vez que pasaban el verano en Cadaqués. ¡Eran unos enamorados del pueblo! Venían cada dos años.

Después de la playa. Me iba para casa a darme una ducha y comer. Hacia tanto calor que no me apetecía estar por la calle. Después de leer un rato y descansar, cuando el sol empezaba a esconderse, salía a pasear por el pueblo. A esa hora las calles estaban llenas de gente y en el pueblo había mucho ambiente.

No solía salir por las noches, porque, aunque estaba de vacaciones, tenía que preparar mi proyecto de final de carrera.

Un fin de semana me fui desde Cadaqués con Frank y Pamela a Colliure. Colliure es otro pueblo pescador situado al sur de Francia. Es un pueblo muy bonito. Allí vimos la **tumba** del famoso escritor español Antonio Machado. La gente que la visitaba dejaba todo tipo de obsequios.

Otro fin de semana llevé a Frank y Pamela al pueblo de Empúries. Empúries es un pueblo medieval donde puedes visitar también unas ruinas romanas. Comimos un arroz caldoso de bogavante exquisito.

Y sin darme cuenta el verano pasó.

Translation

Last summer I went to the Costa Brava. I was in Cadaqués for a week. Cadaqués is a very pretty fishing village located to the north, very close to France.

Every morning I got up and went to breakfast at the cafeteria around the corner. Paquita, who is the owner of the cafeteria, already knew me and she had prepared my breakfast: orange juice and bread toast with tomato and ham. After having breakfast, I went to buy some fresh fruit to take it to the beach.

On Tuesdays, there was also a market where you could buy fruit and vegetables, clothes, accessories, jewellery… A bit of everything!

On the beach I usually met with Frank and Pamela. Frank and Pamela were two Italians I had met there. We get along from day one. Frank and Pamela were very nice and funny. It was not the first time they spent the summer in Cadaqués. They were in love with that village! They came every two years.

After the beach. I went home to take a shower and have lunch. It was so hot that I didn't feel like being in the street. After reading for a while and resting, when the sun began to hide, I went for a walk. At that time the streets were full of people and in the village there was a lot of ambient.

I didn't usually go out at night, because, although I was on vacation, I had to prepare my final year project.

One weekend I went with Frank and Pamela to Colliure. Colliure is another fishing village located in the south of France. It is a very pretty town. There we saw the grave of the famous Spanish writer Antonio Machado. The people who visited the grave left all kinds of gifts.

Another weekend I took Frank and Pamela to the town of Empúries. Empúries is a medieval town where you can also visit some Roman ruins. We ate an exquisite lobster rice.

And without noticing the summer was gone.

Questions:

Where do I went my last summer?

1. Barcelona

2. Figueres

3. Cadaqués

4. Girona

Where are Frank and Pamela from?

1. Alemania

2. Francia

3. Holanda

4. Italia

Where do we eat lobster rice?

1. Empuries

2. Cadaques

3. Colliure

4. Girona

Who was the famous Spanish writer?

1. Antonio Machado

2. Javier Bardem

3. Antonio Banderas

4. Pedro Almodóvar

Chapter 13 Un Atardecer Diferente – A Different Sunset

Sonreí mientras subía por el camino que llevaba al **mirador**; a pesar de que siempre he ido a ese lugar, **jamás ha dejado de impresionarme** lo que se puede **observar** desde él. Amo la **naturaleza**, y pararme sobre esa **colina** y **admirar** el mundo a mi alrededor siempre han sido dos actividades que me llenan de **emoción** y **asombro** por la **belleza** de nuestro planeta.

Miré la hora y mi sonrisa **creció**: era casi la hora del **atardecer**. Mis fotografías del atardecer son admiradas por muchos, ya que dicen que tengo un **don** para capturar lo más bello del sol y los colores del cielo mientras **desciende** detrás del **horizonte**.

La **brisa** de la tarde **acariciaba** mi cabello y cara, y por un momento cerré los ojos para disfrutar la **sensación** de un hermoso día. Era verano, y todo era perfecto en mi—

Click.

Inmediatamente abrí los ojos y vi hacia al mirador con asombro cuando escuché ese **inconfundible** sonido del **obturador** de una cámara fotográfica. Yo, más que nadie, sabía **lo que significaba.**

Alguien había venido a mi lugar favorito a hacer lo que yo planeaba hacer esa tarde.

Sintiendo **decepción** de que no iba a tener el sitio para mí solo, me detuve y **consideré devolverme**, pero alguien habló en voz alta.

"¡**Hola!**", dijo una **voz dulce y femenina**. "**Hay lugar para dos**, supongo", agregó entre risas.

Estábamos a unos veinte metros de distancia —ella con su **cabellera rojiza** y sus **mejillas** del mismo color, yo con mis ojos **marrones** mirándola curiosamente—.

"Hola", dije con nervios. **Nunca me había topado** con un fotógrafo en ese mirador. "Es la primera vez que veo a alguien acá tomando fotos. Venía a **hacer lo mismo**".

"No te preocupes, pronto me voy", respondió la chica.

"Tranquila, no te estoy **espantando**".

Hubo risas **de ambas partes** y terminé de subir. Me quité el bolso y comencé a sacar mi equipo.

"Oye", escuché decir a la joven chica, "mi nombre es Lisa. Mucho gusto". **Extendió la mano** y yo la tomé con firmeza.

"**Mucho gusto**. Soy Manuel". Su piel era suave. Sentí un poco de calor en mi cara. Quería pensar que era el sol, pero era que estaba **ruborizado**. "Soy fotógrafo, me encanta este sitio".

"Sí, Manuel, es muy bonito el lugar", dijo Lisa, **capturando una fotografía** de un **pájaro en vuelo**. "¿Hace cuánto lo **descubriste**?".

Me puse a pensar por un momento, mientras sacaba mi cámara y tomaba una fotografía de una ardilla en un árbol.

"Un año. Es bastante oculto. ¿Y tú?".

"Yo lo descubrí hoy, mientras andaba por este parque. ¿Eres fotógrafo **profesional**? ¿O te dedicas a otra cosa?".

Sonreí pensando en lo que hago.

"Sí, soy fotógrafo profesional, pero amo mi trabajo. A veces vendo mis fotografías a diarios y revistas, además de **subirlas** a mi blog". Seguí la forma de las **nubes** y comencé a ver dónde tomaría las fotos del atardecer. "¿Qué te trae hasta aquí en un día como hoy?".

La chica hizo una expresión de **disgusto** mientras recordaba algo.

"Ah, pues que necesitaba despejar mi mente. Tengo problemas en casa con mis padres. **Muchas peleas**".

Lisa se veía triste, y de repente noté que también se veía **exhausta**. Como que no había dormido bien en días.

"Yo he tenido problemas así también, y este sitio me ha permitido **escapar de ellos**. Salir de la ciudad donde vivo me ayuda a calmarme. Me alegra que este mirador haya podido ayudar a otra persona también", le dije con **sinceridad**.

"Cierto, gracias. ¿Eres de la ciudad? Yo también lo soy. ¿Qué te ves haciendo en los próximos cinco años?", preguntó Lisa, con una expresión de emoción apareciendo en su cara mientras el sol comenzaba a descender.

"Trataré de expandir más mi alcance. Quiero viajar y hacer de esto mi vida entera. Quiero conocer todos los destinos que un fotógrafo desea ver en su vida y **documentar** el mundo un país a la vez".

Lisa me miró con interés y asintió con la cabeza.

"Suena genial. Eres un **soñador**".

"Y tú, ¿qué te ves haciendo?".

El sol **iluminaba** su cabello con luz **anaranjada** y **rosada**, un hermoso espectáculo que la hacía ver muy hermosa. En un momento en que la chica no me miraba, le tomé una foto.

"Yo, pues, solo quiero estar feliz y tranquila; no quiero tener nada en mi cabeza que me haga sentir triste".

No supe qué decir, así que solo apunté al sol. Ya había llegado casi al horizonte.

"Este es el mejor momento", suspiré. "El momento en el que todo alcanza su punto más hermoso e impresionante". Comencé a tomar muchas fotos, y noté que ella hacía lo mismo. Tras unos quince minutos, el sol se ocultó detrás del horizonte y todo comenzó a **oscurecer**. "¿Cómo te hizo sentir eso?", le pregunté. Su expresión había cambiado. Había esperanza.

"¡Me hizo sentir **genial**! Ahora tengo muchas fotos para el recuerdo, y me ayudó a olvidar por un rato lo que pasa en mi casa".

Noté que ella estaba guardando su cámara y su equipo. Se iba a ir y no sabía si la volvería a ver. *No puedo dejar que pase este momento,* pensé.

"Oye, Lisa, ¿vas a hacer algo ahora? ¿No quieres… ir por algo de comer?".

Lisa me miró con curiosidad y se rio.

"Pues, ¿por qué no? ¿Qué te gusta comer?".

"Me gusta mucho la comida italiana, la pasta, por ejemplo. ¿Quieres ir a **mi sitio favorito**?".

Pareció pensarlo por un segundo, pero asintió.

"¡Sí! A mí me encanta la pasta. **Vayamos** entonces, Manuel", dijo Lisa, y comenzamos a bajar por el camino.

No sabía que ese iba a ser el primer día al lado de la persona que iba a cambiar mi vida para siempre, pero así sería. Comimos en un **restaurante de lujo** que siempre me había gustado, charlamos sobre la vida en general y fuimos conociéndonos más y más.

Fue la historia de cómo comenzó todo con mi futura esposa y madre de mis hermosos hijos.

Fue un atardecer distinto que se convirtió en… *un atardecer especial.*

Resumen de la historia

Manuel es un fotógrafo que siempre visita un mirador en la cima de una colina dentro de un parque y, un día que decide ir, se encuentra con otra persona que también está tomando fotos de la vista que se aprecia desde ahí. Pronto comienzan a hablar, intercambiando preguntas entre ellos, y ambos se dan cuenta de que la fotografía y el mirador les permiten olvidar sus problemas. La chica, Lisa, comienza a recoger sus cosas y Manuel se da cuenta de que no la va a ver más, así que la invita a comer. Ella acepta, y comienza una gran historia —todo gracias a un lindo atardecer—.

Summary of the story

Manuel is a photographer who always visits a lookout point on top of a hill inside a park, and on one particular day he decides to go, he runs into another person who is also taking pictures of the lovely view that can be seen from there. They soon start to talk, exchanging questions about each other's lives, and they realize that the pictures and the scene allows them to forget their problems and unwind. The girl, Lisa, begins to pack her things, and Manuel realizes that he'll never see her again unless he does something about it. He invites her to eat and she accepts—soon they begin a lovely story, all thanks to a beautiful sunset.

Vocabulary

Mirador: lookout point

Jamás ha dejado de impresionarme: i have never stopped being impressed

Observar: observe

Naturaleza: nature

Colina: hill

Admirar: admire

Emoción: excitement

Asombro: amazement

Belleza: beauty

Creció: grew

Atardecer: sunset

Don: gift

Desciende: descends

Horizonte: horizon

Brisa: breeze

Acariciaba: caressed

Sensación: feeling

Inconfundible: unmistakable

Obturador: shutter

Lo que significaba: what it meant

Decepción: disappointment

Consideré devolverme: considered going back

¡hola!: hi!

Voz dulce y femenina: sweet and feminine voice

Hay lugar para dos: there's enough space for two

Cabellera rojiza: reddish hair

Mejillas: cheeks

Marrones: brown (plural)

Nunca me había topado: i had never stumbled upon

Hacer lo mismo: to do the same

Espantando: scaring off

De ambas partes: on both sides

Extendió la mano: offered a handshake

Mucho gusto: nice to meet you

Ruborizado: blushing

Capturando una fotografía: taking a picture

Pájaro en vuelo: bird in flight

Descubriste: discovered it

Profesional: professional

Subirlas: upload them

Nubes: clouds

Disgusto: distaste

Muchas peleas: many fights

Exhausta: exhausted (feminine)

Escapar de ellos: escape them

Sinceridad: honesty

Documentar: to document

Soñador: dreamer

Iluminaba: lit up

Anaranjada: orange

Rosada: pink

Oscurecer: get dark

Genial: great

Mi sitio favorito: my favorite place

Vayamos: let's go

Restaurante de lujo: fancy restaurant

Translation

I smiled as I walked up the path that led to the gazebo; Despite the fact that I have always been to that place, it has never ceased to impress me what can be seen from it. I love nature, and standing on that hill and admiring the world around me have always been two activities that fill me with emotion and amazement at the beauty of our planet.

I looked at the time and my smile grew: it was almost sunset time. My sunset photographs are admired by many, as they say that I have a gift for capturing the most beautiful of the sun and the colors of the sky as it descends behind the horizon.

The afternoon breeze caressed my hair and face, and for a moment I closed my eyes to enjoy the feeling of a beautiful day. It was summer, and everything was perfect in me—

Click.

I immediately opened my eyes and stared at the gazebo in amazement when I heard that unmistakable shutter sound from a camera. I, more than anyone, knew what it meant.

Someone had come to my favorite place to do what I planned to do that afternoon.

Feeling disappointed that I wasn't going to have the place to myself, I stopped and considered going back, but someone spoke out loud.

"Hello!" Said a sweet and feminine voice. "There's room for two, I guess," he added with a laugh.

We were about twenty meters away — she with her reddish hair and her cheeks the same color, I with my brown eyes looking at her curiously.

"Hello," I said nervously. I had never come across a photographer in that viewpoint. "It is the first time that I see someone here taking photos. I came to do the same. "

"Don't worry, I'm leaving soon," replied the girl.

Calm down, I'm not freaking you out.

There was laughter from both sides and I finished climbing. I took off my bag and started taking out my gear.

"Hey," I heard the young girl say, "my name is Lisa. Pleasure". He held out his hand and I took it firmly.

"Pleasure. I am manuel". Her skin was smooth. I felt a little heat on my face. I wanted to think it was the sun, but it was blushing. "I am a photographer, I love this place."

"Yes Manuel, the place is very beautiful," said Lisa, capturing a photograph of a bird in flight. "How long have you found out?"

I thought for a moment, as I pulled out my camera and snapped a picture of a squirrel in a tree.

"One year. It is quite hidden. And you?".

"I discovered it today, while walking through this park. Are you a professional photographer? Or do you do something else? "

I smiled thinking about what I do.

"Yes, I am a professional photographer, but I love my work. Sometimes I sell my photographs to newspapers and magazines, in addition to uploading them to my blog. " I followed the shape of the clouds and started to see where I would take the sunset photos. "What brings you here on a day like today?"

The girl made an expression of disgust as she remembered something.

"Ah, well, I needed to clear my mind. I have problems at home with my parents. Many fights".

Lisa looked sad, and suddenly I noticed that she also looked exhausted. Like he hadn't slept well in days.

"I've had problems like that too, and this place has allowed me to escape them. Getting out of the city where I live helps me calm down. I am glad that this viewpoint has been able to help someone else too, "I said sincerely.

"True thanks. Are you from the city? I am too. What do you see yourself doing in the next five years? "Lisa asked, an expression of emotion appearing on her face as the sun began to descend.

"I will try to further expand my reach. I want to travel and make this my whole life. I want to know all the destinations that a photographer wants to see in his life and document the world one country at a time ".

Lisa looked at me with interest and nodded.

"Sounds great. You are a dreamer ".

"And you, what do you see yourself doing?"

The sun illuminated her hair with orange and pink light, a beautiful spectacle that made her look very beautiful. At a time when the girl was not looking at me, I took a photo of her.

"Well, I just want to be happy and calm; I don't want to have anything in my head that makes me feel sad. "

I didn't know what to say, so I just pointed at the sun. It had almost reached the horizon.

"This is the best time," I sighed. "The moment when everything reaches its most beautiful and impressive point." I started taking a lot of photos, and I noticed that she was doing the same. After about fifteen minutes, the sun went down behind the horizon and everything began to darken. "How did that make you feel?" I asked. Her expression had changed. There was hope.

"It made me feel great! Now I have many photos to remember, and it helped me forget for a while what is happening in my house. "

I noticed that she was putting away her camera and equipment. She was leaving and she didn't know if she would see her again. I can't let this moment pass, I thought.

"Hey Lisa, are you going to do something now? Don't you… want to go get something to eat? "

Lisa looked at me curiously and laughed.

"Well, why not? What do you like to eat?".

"I really like Italian food, pasta, for example. Do you want to go to my favorite place? ".

He seemed to think about it for a second, but nodded.

"Yes! I love pasta. Let's go then, Manuel, "said Lisa, and we started down the road.

I didn't know that this was going to be the first day with the person who was going to change my life forever, but it would be. We ate at a fancy restaurant that I had always liked, we chatted about life in general and got to know each other more and more.

It was the story of how it all started with my future wife and mother of my beautiful children.

It was a different sunset that became ... a special sunset.

Questions

1) ¿Cómo supo Manuel que había alguien más en el mirador?

a)   Escuchó su teléfono móvil

b)   La vio de lejos

c)   Llegó después de él

d)   Escuchó el obturador de su cámara

2) ¿De qué color era el cabello de la chica?

a)   Negro

b)   Rojo

c)   Amarillo

d)   Gris

3) ¿Con que actividad económica se mantiene Manuel?

a)   Trabaja 9 horas diarias

b)   Vende en un puesto dentro del mercado

c)   Vende fotografías a revistas y diarios, y las sube al blog

d)   Le pagan por ir a tomar fotos alrededor del mundo

4) ¿De qué color son los ojos de Manuel?

a)   Marrones

b) Verdes

c) Negros

d) Azules

5) ¿Qué sirven en el sitio favorito de comida de Manuel?

a) Hamburguesas

b) Pizzas

c) Pastas

d) Parrillas

Answers

1) D

2) B

3) C

4) A

5) C

Conclusion

Congratulations, dear reader!

We hope you have enjoyed reading our stories. We hope that through our pages you have found everything you expected and much more. With the help of our translations, summaries, vocabulary, and questions, you are more prepared to travel, engage in conversations with people from Latin America and Spain. We hope you enjoyed this nine-story trip! We hope we have inspired you to travel, read more, and continue studying! Good luck.

CPSIA information can be obtained
at www.ICGtesting.com
Printed in the USA
LVHW061042031120
670575LV00005B/312